rowohlts
monographien

HERAUSGEGEBEN

VON

KURT KUSENBERG

FERDINAND LASSALLE

IN
SELBSTZEUGNISSEN
UND
BILDDOKUMENTEN

DARGESTELLT
VON
GÖSTA v. UEXKÜLL

ROWOHLT

Dieser Band wurde eigens für «rowohlts monographien» geschrieben
Den Anhang besorgte der Autor
Herausgeber: Kurt Kusenberg · Redaktion: Beate Möhring
Schlußredaktion: K. A. Eberle
Umschlagentwurf: Werner Rebhuhn
Vorderseite: Ferdinand Lassalle (Rowohlt Archiv)
Rückseite: Sozialdemokratische Spielkarte mit Ferdinand Lassalle,
Paul Singer und August Bebel

Veröffentlicht im Rowohlt Taschenbuch Verlag GmbH,
Reinbek bei Hamburg, Mai 1974

Satz Linotype-Aldus-Buchschrift und Palatino, Otto Gutfreund & Sohn,
Darmstadt
Gesamtherstellung Clausen & Bosse, Leck/Schleswig
Printed in Germany
ISBN 3 499 50212 7

INHALT

Ferdinand Lassalle, um 1863

> «Oh, es war wahrlich eine Welt, um darin Hunger zu empfinden, Hunger nach der Unschuld, der Treue, der Sanftmut, der Liebe.»
>
> Wilhelm Raabe: «Der Hungerpastor»

Zehn Jahre waren seit den Freiheitskriegen vergangen, als Ferdinand Lassalle, der erste deutsche Arbeiterführer, als Sohn eines jüdischen Tuchhändlers in Breslau zur Welt kam. Sieben Jahre fehlten noch bis zur Einigung Deutschlands durch Bismarck, als er in einem sinnlosen Pistolen-Duell um eine wankelmütige Frau den Tod fand. Dazwischen liegen 39 Jahre eines stürmischen Lebens in einer stürmischen Zeit

Es war eine Zeit der Revolution und der Reaktion, der Barrikadenstürme und der Kapitulation, der großen Hoffnungen und der müden Resignation. Die Zeitgenossen Lassalles begeisterten sich für das Freiheitspathos der Reden in der Paulskirche zu Frankfurt, bangten um den Sieg der Revolution von 1848 – oder atmeten erleichtert auf, als die Armeen der deutschen Fürsten «Ruhe und Ordnung» mit Hilfe von Kanonen und Kartätschen wiederhergestellt hatten. Sie vernahmen den ersten Kampfruf einer neuen Geschichtsepoche: «Das Kommunistische Manifest». Sie erlebten den Aufstieg Louis-Napoléons zum Kaiser von Frankreich und von Otto von Bismarck-Schönhausen zum starken Mann Preußens. Sie waren Zeugen des preußisch-österreichischen Krieges von 1866 und – drei Jahre zuvor – der Gründung des Allgemeinen Deutschen Arbeiter-Vereins, Vorläufer aller sozialistischen Parteien Deutschlands.

Ein geschichtliches Ereignis ersten Ranges sollte man meinen, und Grund genug, dem Mann hinter diesem Ereignis ein Denkmal zu setzen. Aber es gibt keine Denkmäler für Ferdinand Lassalle. Vier Jahre lang, von 1929 bis 1933, gab es in der Breslauer Altstadt, wo sein Geburtshaus stand, immerhin einen Lassalle-Platz. Sozialdemokratische Stadtverordnete hatten beschlossen, den Platz, an dem sein Geburtshaus stand, so zu nennen. Er hieß so bis zur «Machtergreifung». Und es gibt noch heute auf dem jüdischen Friedhof von Breslau (Wrocław) ein Grabmal Lassalles.

Es wurde 1933 von nationalsozialistischen Grabschändern zerstört und 1947 von polnischen Sozialdemokraten wiederhergestellt. Die polnische Sozialdemokratische Partei (PPS) brachte kurz vor ihrer Auflösung und Übernahme in die Kommunistische Partei Polens auf dem Grab eine Platte an, deren Inschrift in deutscher Übersetzung lautet: «Ferdinand Lassalle, dem großen Sozialisten, die PPS am Tage ihres XXVII. Kongresses, dem 14. XII. 1947».[1*]

Dies, und ein Gedenkstein in Genf, sind bis auf den heutigen Tag die einzigen Monumente in Erz oder Stein, welche die Nachwelt dem Gründer der ersten deutschen Arbeiterpartei gesetzt hat.

Aus dieser Tatsache kann man zwei verschiedene Schlüsse ziehen:

---

* Die hochgestellten Ziffern verweisen auf die Anmerkungen S. 134

Man kann darin einen Beweis dafür sehen, daß «die Akten über Lassalle noch nicht geschlossen sind», daß er noch zu aktuell und zu lebendig ist für ein Denkmal und fürs Museum. Und man kann darin ein Indiz sehen, daß Lassalle doch nicht zu den «wirklich Großen» gehört und darum auch kein Denkmal verdient hat. Für welche dieser Erklärungen man sich auch entscheidet, das Dilemma selbst beweist, daß Lassalle 110 Jahre nach seinem Tode uns immer noch in Verlegenheit zu bringen vermag und daß er insofern tatsächlich noch nicht – tot ist.

Für diese These spricht auch die Fülle von Denkmälern anderer Art. Denkmäler nicht aus Erz und Stein, sondern aus Wort und Schrift. Die Literatur über Lassalle, Dichtung und Wahrheit, Biographien, biographische Romane und Tragödien, Pamphlete und Dokumente, türmt sich inzwischen zu beachtlichen Pyramiden. Lassalle selbst hätte *solche* Denkmäler allen anderen vorgezogen. Der Gedanke, in Rednerpose von einem Sockel auf uns Nachgeborene herabzublicken, hätte vielleicht einen Augenblick seine Eitelkeit gereizt, ihn aber niemals in einem tieferen Sinne befriedigen können. Wie viele «berühmte» Männer und Frauen wurden nicht schon in Stein gehauen oder in Erz gegossen und stehen oder sitzen heute vergessen und unbeachtet auf irgendeinem Platz oder in irgendeinem Park. Auf diese Ehre hätte Lassalle sicher – zum mindesten in seinen besten, von vulgärer Eitelkeit freien Momenten – gern verzichtet.

Schon 1864 – dem Todesjahr Lassalles – setzt Wilhelm Raabe im «Hungerpastor» dem Gründer des Allgemeinen Deutschen Arbeiter-Vereins ein allerdings sehr zweifelhaftes Denkmal.[2] In «Moses Freudenstein», dem Jugendfreund des Helden, zeichnet er die Karikatur eines genialen, aber teuflisch bösen Lassalle, der sich am Ende seines lasterhaften Lebens einem machiavellistischen Politiker (Bismarck!) verdingt. Nicht ganz so schlimm wie Moses Freudenstein treibt es «Leo» in dem zwei Jahre nach Lassalles Tod erschienenen Roman Friedrich Spielhagens «In Reih' und Glied»[3]. Aber auch «Leo» verrät zum Schluß seine Freunde und seine Ideale und macht gemeinsame Sache mit dem «Geheimen Rat Urban», mit dem – wie Zeitgenossen vermuteten – der Bischof von Mainz, Freiherr von Ketteler, gemeint war.

Auch ein zu seiner Zeit gefeierter und auch heute noch in seiner Heimat vielgelesener englischer Romanschriftsteller fand den Lassalle-Stoff unwiderstehlich. In seinem 1880 erschienenen, leicht zu entschlüsselnden Schlüsselroman «The Tragic Comedians» macht George Meredith Lassalle und Helene von Dönniges, deretwegen Lassalle im Duell fiel, zu Helden eines klassischen Liebesdramas:

«Sie tranken Sonnenlicht und trieben ihr Lebensschiff auf solche Art, daß sie historische Paare auf unserem Planeten in den Schatten gestellt haben ... der Mann, dessen Blut jenes letzte Kapitel ausströmte, war von mächtiger Natur, nicht unheroisch, ein Mann des tätigen zugreifenden Verstandes, der mit Tatsachen ringt, um die Welt lebendig zu erhalten.»[4]

Schon 1873 war in Wien ein zweibändiger Roman «Ferdinand Lassalle» erschienen, von dem heute nur noch der Name des Verfassers, J. Gaiger, und der Titel bekannt sind. Alle bisher genannten Autoren waren Zeitgenossen Lassalles. Raabe und Spielhagen sind ihm vielleicht sogar im Leben begegnet.

Es folgten, im Reich der Dichtung, ein Trauerspiel über Lassalle in fünf Akten von Oscar Ballin (1903) und ein Schauspiel von H. Heubner (1905). Keines von ihnen wurde je aufgeführt, und beide sind heute verschollen. 1913 erschien Alfred Schirokauers «geschichtlicher» Lassalle-Roman mit dem publikumswirksamen Untertitel «Ein Leben für Freiheit und Liebe».[5]

In unserer Zeit hat Stefan Heym es unternommen, das Leben Lassalles dichterisch zu gestalten. Für die amerikanische Originalausgabe wählte er den Titel «Uncertain Friend», nach einem Wort von Friedrich Engels.[6] «Gegenwärtig», schreibt Engels am 4. September 1864, fünf Tage nach Lassalles Tod, an Karl Marx, «war Lassalle für uns ein sehr unsicherer Freund, zukünftig ein ziemlich sicherer Feind.»[7]

DAS PORTRÄT IM SPIEGEL

> «Ein Porträt ist das Bildnis eines Geistes, aufgefangen im Spiegel eines anderen.»
> Charles Morgan: «Das Bildnis»

Und Lassalles Biographen? Sie stehen vor dem Dilemma, entweder Lassalle über Lassalle zu Wort kommen zu lassen, also die «Autobiographie» zu schreiben, die Lassalle vielleicht geschrieben hätte, wenn ihm ein längeres Leben beschieden gewesen wäre. Oder sie müssen, ob sie wollen oder nicht, nicht nur von Lassalle, sondern auch von sich selbst reden.

Gewiß ist dies das Dilemma aller Biographen, aber bei Lassalle tritt es in verstärktem Maße auf. Es scheint, als habe er seine Biographen mit seiner eigenen Leidenschaftlichkeit, mit seiner eigenen Überzeugung,

Polnische Inschrift auf Lassalles Grab in Breslau

daß die *alte und von Tacitus an gültige Vorschrift, daß man sine ira et studio Geschichte schreiben müsse, antiquiert* [8] sei, angesteckt. Es scheint unmöglich, über Lassalle ohne «Zorn und Eifer» zu schreiben. Das gilt von der Person Lassalles wie von seinem Werk.

«. . . bei Marx haben Anhänger wie Gegner hinter der Leistung den Schöpfer, hinter dem Marxismus Marx zu oft übersehen und nicht hinreichend berücksichtigt . . .» Dieses Wort von Gustav Mayer stellt Werner Blumenberg an den Anfang seiner Marx-Biographie.[9] Von Lassalle könnte man genau das Gegenteil sagen: Anhänger wie Gegner haben hinter dem Schöpfer die Leistung, hinter der Person das Werk Lassalles zu oft übersehen und nicht hinreichend berücksichtigt.

Schuld daran ist einmal Lassalle selbst. Er hat dafür gesorgt, daß es nahezu unmöglich ist, seine Person von seinem Werk zu trennen. Er ist überall gegenwärtig, überall persönlich anwesend, nirgends zu übersehen, gleichviel, ob er ein politisches Pamphlet schreibt oder Werke von hohem wissenschaftlichem Rang wie *Die Philosophie Herakleitos des Dunklen von Ephesos* oder *Das System der erworbenen Rechte.* Welches Thema er auch anpackt, und in welcher seiner vielen Rollen er auch auftritt, Philosoph, Advokat, Journalist, Agitator, immer ist er «voll im Bild».

Schuld sind aber auch seine Anhänger und seine Gegner, die vor lauter Begeisterung für oder Abscheu gegen Lassalle nicht von der Person abzusehen vermochten; nicht von dem Menschen Lassalle zu dem Werk Lassalles vordrangen. Das Werk Lassalles als eindeutige, in die Zukunft wirkende Aussage, harrt noch des Entdeckers. Die Bemühungen darum waren bisher auch nicht sonderlich intensiv. Es schien nützlicher und bequemer im Interesse der Abgrenzung schon vorhandener ideologischer Fronten, den Blick auf die so kontrastreiche und widersprüchliche Person des Gründers des Allgemeinen Deutschen Arbeiter-Vereins zu richten und die Frage nach seinem vielleicht heute noch aktuellen Werk auf sich beruhen zu lassen; einem Werk, das auf der Waage der Geschichte vielleicht schwerer wiegt als jene immer wieder als Lassalles Hauptverdienst angeführte Parteigründung.

Um zu einem Lassalle aus erster Hand zu gelangen, ist aber die Kenntnis nicht nur der Literatur über ihn, sondern auch die Beschäftigung mit seinen zum Teil nur mit Fachwissen zu bewältigenden Frühschriften unerläßlich. Diese schwierigen Frühschriften wie auch die wissenschaftlich-polemischen Werke der späteren Jahre (*Herr Bastiat-Schulze von Delitzsch* und *Herr Julian Schmidt*) sind für das Verständnis Lassalles so wichtig wie die leicht verständlichen Frühschriften von Marx für das Verständnis des Verfassers von «Das Kapital». Bei Lassalle muß man mit Hegel beginnen, bei Marx kann man – und muß auch das nicht unbedingt – mit Hegel enden.

Im Nachwort zur zweiten Auflage des ersten Bandes von «Das Kapital» sagt Marx selbst: «Meine dialektische Methode ist der Grundlage nach von der hegelschen nicht nur verschieden, sondern ihr direktes Gegenteil. Für Hegel ist der Denkprozeß, den er sogar unter dem Namen Idee in ein selbständiges Subjekt verwandelt, der Demiurg des Wirklichen, das nur seine äußere Erscheinung bildet. Bei mir ist umgekehrt

Arbeiterdelegation am Gedenkstein für Lassalle in Genf

das Ideelle nichts anderes als das im Menschenkopf umgesetzte und übersetzte Materielle.»[10]

In seinen «Randglossen zum Gothaer Programm» holt Marx dann zum großen Schlag aus, einem Schlag, von dem sich das Lassalle-Bild der Marxisten bis heute nicht erholt hat: «Lassalle wußte das Kommunistische Manifest auswendig ... wenn er es also grob verfälschte, geschah es nur, um seine Allianz mit den absolutistischen und feudalen Gegnern wider die Bourgeoisie zu beschönigen ... einfach eine Impertinenz, und zwar [eine] keineswegs Herrn Bismarck mißfällige.»[11]

Auf genau der gleichen Linie liegt die neueste (Ost-Berliner) Ausgabe der Werke von Marx und Engels. Unter dem Stichwort «Lassalle» heißt es dort: «Ferdinand Lassalle, Schriftsteller und kleinbürgerlicher Agitator, Gegner der Theorie und Praxis des Marxismus, insbesondere des Klassenkampfes, der sozialistischen Revolution und der Diktatur des Proletariats. Er hatte wesentlichen Anteil an der Gründung des Allgemeinen Deutschen Arbeitervereins von 1863. Lassalles Zielstellung und Ideologie jedoch lenkten die Arbeiterklasse von ihren Hauptaufgaben ab. Er paktierte mit Bismarck und unterstützte dessen Politik der Einigung Deutschlands ‹von oben›.»[12]

Es gibt, abgesehen von orthodoxen Marxisten, keinen Lassalle-Biographen, der die Agenten- oder Werkzeug-These im Ernst vertritt. Ganz entschieden verneint hat sie schon Georg Brandes, obwohl zu seiner Zeit der Briefwechsel und die Protokolle über die Gespräche Bismarcks und Lassalles noch nicht bekannt waren. Seit ihrer Veröffentlichung durch Gustav Mayer gibt es hier nichts mehr zu rätseln. Diese

Dokumente beweisen, daß Brandes mit seiner kühnen «hegelschen» Deutung des Lassalle–Bismarck-Verhältnisses der Wahrheit näher kam als viele Lassalle-Kritiker und Skeptiker.

Die Vorteile der Biographie von Georg Brandes, ihre Zeitnähe und «Wahlverwandtschaft», sind aber zugleich ihre Nachteile. Sie ist heute «unmodern».

Brandes gehörte noch zu jener Generation von Liberalen, die das Bestehende v e r ä n d e r n, nicht es erhalten wollten.

Konservativ und gegenüber neuen Befreiungsbestrebungen auch reaktionär wurde das europäische Bürgertum ja erst, als es seine eigenen Forderungen erfüllt und seinen Anteil an der Macht im Staate gesichert sah. Erst dann wurde aus dem Wort «liberal» eine nichtssagende Floskel, ein Wechsel ohne Deckung. Zu Brandes' Zeiten war das Bürgertum noch nicht saturiert, es kämpfte noch mit den feudalen Mächten um seinen Platz an der Sonne. Zu jener Zeit konnte auch ein Rebell wie Brandes noch mit gutem Gewissen liberal sein. Er selbst blieb zeitlebens ein «Liberaler» im ursprünglichen, im eigentlichen Sinn des Wortes.

Im 20. Jahrhundert waren die Liberalen nicht mehr revolutionär und die Revolutionäre nicht mehr liberal. Auf diesem Boden konnten die Keime, die Lassalle gepflanzt hatte, nicht mehr gedeihen. Man konnte jetzt nur noch liberal o d e r revolutionär sein. Lassalle, der beides war, wurde in diesem neuen geistigen Klima ideologisch heimatlos. Er ist es im Grunde noch immer, obwohl in der jüngsten Zeit Anzeichen eines neu erwachten Interesses für den sozialistischen Revolutionär der ersten Stunde des Sozialismus (und der letzten des Liberalismus) zu bemerken sind.

Für die Lassalle-Biographen des 20. Jahrhunderts wurde nicht so sehr der Standort Lassalles als ihre eigene ideologische Heimat zum Problem. Sie konnten Lassalle nicht mehr in ihrer Welt unterbringen oder sich in seine hineinversetzen. Sie waren frei von den persönlichen und zeitbedingten Voreingenommenheiten oder Vorurteilen der älteren Generation; dafür waren sie nicht mehr auf der gleichen ideologischen Wellenlänge. Sie waren entweder marxistische Sozialisten wie Eduard Bernstein und Franz Mehring, oder sie waren deutsch-nationale Liberale und Demokraten wie Hermann Oncken oder internationale Liberale und Demokraten wie Shlomo Na'aman.

Eduard Bernstein sucht vor allem nach Abweichungen Lassalles von Marx und gibt, wo er sie entdeckt, ausnahmslos Marx recht. Bei aller Hochachtung vor dem Wissen, vor dem Einfühlungsvermögen und vor dem Bestreben Bernsteins, Lassalle, wo immer er es mit seinem marxistischen Gewissen verantworten kann, Gerechtigkeit wiederfahren zu lassen, wirkt seine Hier-irrt-Lassalle-Methode auf die Dauer ein wenig ermüdend.

Franz Mehring betont zwar auch den Unterschied zwischen der Bedeutung des «Hauptwerks von Marx durch die Jahrhunderte» und «Lassalles Schriften ... als der Urkunde dessen, was ein genialer Mensch in einer weltgeschichtlichen Bewegung gedacht und getan hat»[13], aber er hebt, im Gegensatz zu Bernstein, wenn immer möglich, die Übereinstimmungen zwischen den beiden großen Sozialisten hervor und gibt gelegentlich auch Lassalle gegen Marx recht. Das und der hohe Rang, den er Lassalle grundsätzlich «neben Marx» einräumt, hat ihm manch tadelndes Wort orthodoxer Marxisten eingetragen.

Marxistische Biographen fragen Lassalle nach seinem Verhältnis zu Marx, bürgerliche wie Oncken fragen ihn nach seinem Verhältnis zur (deutschen) Nation, oder andere wie Shlomo Na'aman zur (parlamentarischen) Demokratie.[14] Da Lassalle keine dieser Prüfungen mit Glanz besteht, und da ihn daher weder das sozialistische noch das demokratisch-parlamentarische Lager ganz für sich beanspruchen kann oder will, ernannte man Lassalle zum – «Sozialdemokraten». Mit wie guten oder wie schlechten Gründen werden wir noch sehen.

FÜHRER ODER ERLÖSER?

«Festen Mut in schweren Leiden,
Hilfe, wo die Unschuld weint,
Ewigkeit geschwornen Eiden,
Wahrheit gegen Freund und Feind,
Männerstolz vor Königsthronen –
Brüder, gält es Gut und Blut:
Dem Verdienst seine Kronen,
Untergang der Lügenbrut.»

Friedrich Schiller

Nicht alle Lassalle-Biographen passen in das Schema: bürgerlich-liberal auf der einen, sozialistisch-marxistisch auf der anderen Seite, und einige weichen so weit von ihm ab, daß wir sie gesondert betrachten müssen.

Ein Freud-Schüler, Erwin Kohn, unterzog in den zwanziger Jahren Lassalle einer postumen Psychoanalyse.[15] In Lassalles erstaunlicher Wirkung auf Menschen, seien es einzelne, wie seine ihm blindlings ergebenen Jugendfreunde Arnold Mendelssohn und Felix Oppenheim, oder auf Arbeitermassen sieht er einen Beweis für dessen «Narzißmus». Narzißmus ist nach der Meinung Kohns, der sich dabei auf Freud beruft, die seelische Ausgangslage «des Führers wie jeder bedeutenden Persönlichkeit». Das Verhältnis Lassalle–Marx deutet Kohn als Ausdruck des «charakterologischen Kontrastes» zwischen dem «Führer und Wissenschaftler» und Lassalles drachenkämpferischen Tatendrang beim Anblick einer von Ungeheuern bedrängten Unschuld – eines schwachen Weibes in der Gewalt eines tyrannischen Ehemannes, des jüdischen Volkes geknechtet von anderen Völkern oder der Masse der Lohnarbeiter, ausgeplündert von profitgierigen Unternehmern – mit einem Wort, seine Bereitschaft, immer wieder den Kampf zu wagen und eine hilfreiche Hand zu reichen «wo die Unschuld weint», all das nennt Kohn Lassalles «Rettungsphantasien» – «Rettungsphantasien grandiosen Umfangs».

Das Paradebeispiel für seine Theorie ist der Unterhalts- und Scheidungsprozeß, den Lassalle mit beispielloser Opferfreudigkeit und Ener-

Georg Brandes

gie acht Jahre lang – seinen besten Jugend- und Studienjahren – für die 20 Jahre ältere Gräfin Sophie von Hatzfeldt führte. Sein Gegner, der Drachen in diesem Kampf, war Sophies Ehemann, Graf Edmund von Hatzfeldt, einer der reichsten und mächtigsten Magnaten des Rheinlandes. Aber es gab auch andere «Drachen» und andere «Jungfrauen». Kohn weist darauf hin, daß Lassalle schon als fünfzehnjähriger Handelsschüler in Leipzig, wie er in seinem Tagebuch schreibt, in *wochenlange Krankheit verfiel,* weil es ihn anwiderte, mitansehen zu müssen, mit welch *gemeiner plumper List* sein Pensionsvater seine Frau schikanierte und um ihre Mitgift betrog.[16] Das Motiv der Errettung bedrängter Unschuld ist für Kohn der Schlüssel zum Verständnis wesentlicher Züge im Charakter Lassalles. Die alten Mythen von Perseus und Andromeda oder St. Georg des Drachentöters werden bei Kohn, ähnlich wie die Sage von König Ödipus, zu seelischen Modell-Fällen.

Aber warum Rettungs-«Phantasien»? Warum nicht Rettungs-Taten oder Rettungs-Imperativ? Ist der Wunsch, bedrängten Mitmenschen beizuspringen, nicht eine n a t ü r l i c h e Reaktion, oder sollte es zum mindesten sein? Warum ist die Rettungsphantasie die Ausnahme und nicht die Regel?

Edel zu sein, hilfreich und gut, Hilfe zu leisten, «wo die Unschuld weint», unseren Nächsten zu lieben «wie uns selbst», mit solchen und ähnlichen Geboten und guten Vorsätzen ist ja schließlich der Weg der christlich-abendländischen Menschheit durch zwei Jahrtausende gepflastert. Nimmt jemand ausnahmsweise diese Gebote und Vorsätze einmal ernst, tut er das, was wir unablässig predigen, so wird er als Fabeltier bestaunt und gilt als nicht mehr ganz normal. Fabelhaft und unnormal ist aber, wenn wir es recht bedenken, nicht der einzelne Rettungsphantast, sondern unsere kollektive Heuchelei.

Kohn gibt seinem Lassalle-Psychogramm den Titel «Lassalle der Führer». Er konnte das damals, 1926, noch in aller Unschuld tun. Ein paar Jahre später wäre dieser Titel für Lassalle eine Beleidigung und für den «Führer» eine unerträgliche «jüdische Provokation» gewesen.

Ganz und gar nicht unschuldig, sondern als wohlberechneter Schlag gegen Lassalle ist dagegen eine andere Lassalle-Analyse gemeint: Eckard Colbergs Schrift «Die Erlösung der Welt durch Ferdinand Lassalle»[17]. Wir erfahren von Colberg nichts Neues über Lassalle, und auch das Alte, das er bringt, ist so einseitig ausgewählt, daß es das Bild Lassalles mehr entstellt als erhellt. Aber wir erfahren eine Menge über Colberg und über den Geist, dessen Kind er ist. Auch ohne den dankenswerten Hinweis, gleich auf der ersten Buchseite, daß sowohl das Institut für Politische Wissenschaften der Universität München wie die Relm Foundation (Ann Arbor/USA) zu den «Druckkosten» beigetragen haben, ist die Absicht dieser Schrift leicht zu erkennen. Im Gewand einer wissenschaftlichen Untersuchung soll hier ein Beitrag zum weltweiten Kalten Bürgerkrieg geleistet werden. In Lassalle soll der «ewige Revolutionär» angeprangert und unschädlich gemacht werden. Interessant, weit mehr als die Schrift selbst, ist die Tatsache, daß Colberg und seine Freunde und Förderer bei der Suche nach einem geeigneten Schreckgespenst gerade auf Lassalle verfielen. Sie halten es offenbar für möglich, daß eine mit Marx als Leitbild sich nicht mehr begnügende, des langen Marschs durch die Institutionen müde und des Wartens auf eine «Revolution von unten» überdrüssige Jugend sich Lassalle in die Arme werfen könnte. Daß Colberg diese Möglichkeit sieht, zeugt für seinen Spürsinn, daß er darin eine Gefahr wittert, verrät sein rechts-konservatives Weltbild und Denkmodell.

Colberg geht, gemessen an seiner Absicht, nicht ungeschickt zu Werke. Er sucht Lassalle dort zu treffen, wo er auch nach marxistischer Ansicht am verwundbarsten ist: in seinem «Idealismus». Nur wird dieser Idealismus bei Colberg sofort zum «Irrealismus», zum Verkennen der «Realitäten». Wobei er allerdings unter «Realitäten» etwas völlig anderes versteht als seine linken Gegner, einschließlich Marx und Lassalle. Aus dem Revolutionär Lassalle wird bei Colberg ein «Apokalyptiker», aus dem radikalen Sozialisten ein «Totalitärer». Schon in der Einleitung stellt Colberg Lassalle an die Seite Hitlers und Rudi Dutschkes: «Weil Ferdinand Lassalle in seinem System die apokalyptische Geschichtsbetrachtung vollendet ausgearbeitet hat, ist sein Denken und Handeln Thema dieser Arbeit. Die in ihr getroffenen Feststellungen gelten aber nicht nur für diese revolutionäre Ideologie aus dem 19. Jahrhundert. Die an Lassalles System gezeigte apokalyptische Struktur läßt sich ebenso an der kommunistischen, der nationalsozialistischen und an der Ideologie der antiparlamentarischen Opposition unserer Tage nachweisen.»[18]

Colberg richtet seine Pfeile dorthin, wo er Lassalles Achillesferse vermutet: seinem Glauben an seine «Mission». Hatte nicht Heinrich Heine Lassalle einen «Messias des 19. Jahrhunderts» genannt und hatte nicht Lassalle selbst nach seiner letzten großen öffentlichen Rede auf einer Arbeiterkundgebung im rheinländischen Ronsdorf den *Eindruck, so müsse es bei der Stiftung einer neuen Religion ausgesehen haben*?

Solche und ähnliche Äußerungen von oder über Lassalle trägt Colberg mit großem Fleiß zusammen und türmt sie zu einem Scheiterhaufen, um den «Apokalyptiker» darauf zu verbrennen. Das Feuer an den Scheiterhaufen anzulegen, ist dann nicht mehr schwer: «Wer die Welt erlösen will, greift nahezu zwangsläufig auf die jüdisch-christlichen Erlösungslehren ... zurück, ob er nun Jude ist oder nicht. Auch Hitler sprach vom ‹Tausendjährigen Reich› der Johannes-Apokalypse.»[19] Und am «Ende der Geschichte» steht dann nach Colberg «ein Reich, das zwar den Namen der Freiheit trägt, das aber die totale Unfreiheit beinhaltet, ein Reich, das Lassalle als Paradies bezeichnet, das der Hölle aber ähnlicher ist»[20].

Gegen eine Erlösung der Menschen von ihren Sünden, wie die christlichen Kirchen sie denen in Aussicht stellt, die hier auf Erden ein Gott und der Obrigkeit wohlgefälliges Leben führen, hat Colberg nichts einzuwenden. «Im Himmel» möge Gottes Wille geschehen, aber nicht auf Erden. Erlösungen finden grundsätzlich nur im Jenseits statt. Wer sie schon im Diesseits anstrebt, ist im besten Fall ein Schwärmer, ein Idealist, ein Utopist, im schlimmsten Fall ein Revolutionär, ein Demagoge, ein Apokalyptiker.

So ist es gut-abendländisch-christliche Tradition, und so soll es nach Colbergs Ansicht auch immer und ewig bleiben. Die klassisch-konservative Hypothese von der «Unveränderlichkeit der menschlichen Natur» ist für ihn die «Einsicht», die auch «der Revolution die Grundlage entzieht»[21]. Wenn aber die menschliche Natur unveränderlich ist, dann ist auch die Welt, die menschliche Welt zum mindesten, nicht zu verbessern, sondern allenfalls zu verschlechtern. Und das mußte Lassalle dank seiner überragenden Intelligenz (die Colberg ihm gerne zubilligt) ja wissen und daher das Unsinnige und Verwerfliche seiner «Welterlösung» erkennen. Für ihn gibt es daher, nach Colbergs Urteil, keine mildernden Umstände, keine Gnade. Am Schluß seines Buches wirft Colberg denn auch die bis dahin sorgfältig gewahrte wissenschaftliche Attitüde über Bord und geht zu vulgärer Polemik über: «Wenn die Persönlichkeit Lassalles auch faszinierend ist – die Basis seiner revolutionären Aktion ist ein intellektueller Schwindel. Mit seinem Denken und Handeln zeigt Ferdinand Lassalle, daß es unmöglich ist, die unveränderliche Natur des Menschen zu überwinden, daß es verbrecherisch ist, für eine fiktive neue Menschheit die Menschen zu tyrannisieren.»[22] Damit ist der «Erlöser» entlarvt als Schwindler, Verbrecher, Tyrann.

Lassalle dachte nicht in christlich-apokalyptischen, sondern in philosophisch-hegelschen Kategorien. Bei Hegel aber gibt es keine «Erlösung», sondern allenfalls eine «Entbindung» der Welt. Nach Hegels und Lassalles Ansicht kann die Welt nichts hervorbringen, also auch zu nichts «erlöst» werden, was nicht schon vorher als Idee in ihr angelegt ist. Jede neue Stufe des Seins ist eine Verneinung und zugleich «Aufhe-

Franz Mehring *Eduard Bernstein*

bung» der vorhergehenden und wird ihrerseits von der ihr nachfolgenden verneint und «aufgehoben». Wie auf einem Filmstreifen aus der Folge einander ablösender Bilder die Bewegung, so entsteht die Wirklichkeit aus einer Folge sich gegenseitig ablösender Zustände.

Für Lassalle entscheidend – im Gegensatz zu Colberg – war also die Einsicht in die Veränderlichkeit der Wirklichkeit und damit natürlich auch der menschlichen Natur. Der Prozeß dieser unaufhörlichen Veränderung vollzieht sich ohne und zuweilen auch gegen den Willen der von ihm betroffenen, selbst an diesem Prozeß beteiligten Menschen. In einem solchen Weltbild ist kein Platz für eine «Erlösung», das heißt: die Herbeiführung irgendeines – und sei es noch so idealen – Endzustandes; und auch nicht für einzelne Erlöser. Colberg geht also an der Sache wie an der Person Lassalles völlig vorbei. Er kämpft gegen einen von ihm selbst aufgebauten Popanz.

Einzelne, von der Idee der nächsthöheren Daseinsstufe in besonderem Maße erfüllte und ergriffene Individuen können zwar den Prozeß der Wirklichkeit und damit die Verwirklichung des Neuen unter Umständen beschleunigen. Aber auch sie «erzeugen» das Neue nicht, sie sind höchstens seine Geburtshelfer. Nur einmal, in seinem *Franz von Sickingen*, spricht Lassalle in dichterischem Überschwang von der Möglichkeit oder Notwendigkeit eines *Kaiserschnitts*, um die Geburt der neuen Welt zu beschleunigen.[23] Sonst überläßt er es dem «Weltgeist», Tag und Stunde der «Entbindung» zu bestimmen.

Für den konservativen Menschen gibt es keine Geburt, keine Entbindung im Sinne von Sokrates, Hegel oder Lassalle. In seiner Welt bleibt grundsätzlich alles beim alten, der Mensch sowohl wie die Zustände, unter denen er lebt. Wenn es überhaupt eine Bewegung gibt, dann nur, wie in einem Karussell, die «ewige Wiederkehr des Gleichen» (Nietzsche). Wer sich gegen diese ewige und gottgewollte Ordnung auflehnt, ist kein Erneuerer, denn es gibt nichts zu erneuern, sondern ein Frevler und Zerstörer.

Es führt kein Weg und keine Brücke von der Welt des ewig Gleichen in die der unaufhörlichen Veränderung. Die Welt Lassalles ist dem Verfasser der «Erlösung der Welt durch Ferdinand Lassalle» ebenso fremd wie unheimlich. Er versteht Lassalle nicht, aber er mißbilligt und fürchtet ihn.

Wer eine Veränderung der Welt, das heißt der Verhältnisse, unter denen die Menschen dieser Welt leben und leiden, nicht nur für möglich, sondern auch für wünschenswert und, auf lange Sicht, für unausweichlich hält, wird sich von dieser Furcht nicht anstecken lassen. Eher wird ihn eine andere Sorge erfüllen. Die Sorge, daß die finstere Entschlossenheit der Verteidiger des Bestehenden zu einer Katastrophe führen wird. Denn wenn die Welt den natürlichen Drang hat, sich zu erneuern, muß sich die Geburt des Neuen um so gewaltsamer, schmerzlicher und zerstörerischer vollziehen, je länger man seine Ankunft mit Gewalt verhindert.

Der Leser kann an dieser Stelle gerne den Verfasser beim Wort nehmen und ihn an das erinnern, was er im vorhergehenden Kapitel über das Objektivitäts-Dilemma aller «Porträtisten» gesagt hat. Da totale Objektivität doch nicht zu erreichen sei, fordere er von dem Porträtisten oder Biographen das Bekenntnis zu dem eigenen – subjektiven – Standpunkt. Diese Forderung sei hiermit erfüllt. Der Verfasser ist in der Tat der Meinung, daß der Mensch ebenso wie die Welt «Prozesse» sind und keine «Zustände». Der Leser ist also gewarnt.

DER REVOLUTIONÄR

Die Revolution wird entweder eintreten in voller Gesetzlichkeit und mit allen Segnungen des Friedens, wenn man die Weisheit hat, sich zu ihrer Einführung zu entschließen, beizeiten und von oben herab, oder aber sie wird innerhalb irgendeines Zeitraumes hereinbrechen unter allen Konvulsionen der Gewalt, mit wild wehendem Lokkenhaar, erz'nen Sandalen an ihren Sohlen.

Lassalles Bereitschaft, sich für eine große Sache zu opfern, war schon voll entwickelt, bevor er den Revolutionär in sich entdeckte. Der «Märtyrer» ging dem Revolutionär voraus. Aber schon sehr früh, etwa von seinem siebzehnten Lebensjahr an, war er beides, war er ein «Märtyrer der Revolution». Zu einer vollständigen Antwort auf die Frage nach dem Anspruch Lassalles, nach dem, «was er wollte», gehört aber noch ein drittes, die «Kategorien». Von ihnen wird anschließend die Rede sein.

Fraglos wollte Lassalle die Revolution. Wer ihn von diesem Vorwurf freisprechen will, muß ihn von sich selbst freisprechen, und wer ihm einen Vorwurf daraus macht, muß diesen Vorwurf auf den ganzen Lassalle erstrecken. Nur eines kann man, wenn man bei der historischen Wahrheit bleiben will, nicht: den Parteigründer Lassalle auf den Schild erheben und den Revolutionär Lassalle – vergessen.

Genau diese Quadratur des Zirkels versucht aber die Sozialdemokratische Partei Deutschlands. Ganz aus dem Parteihimmel verstoßen kann sie Lassalle nicht. Denn schließlich ist der 23. Mai 1863, der Tag, an dem Lassalle zu Leipzig den Allgemeinen Deutschen Arbeiter-Verein gründete, zugleich der offizielle Geburtstag der SPD. Ohne Lassalle hätte die SPD also nicht am 23. Mai 1963 ihr hundertjähriges Bestehen feiern können. Auf den Parteigründer Lassalle konnte und wollte man nicht verzichten, für den Revolutionär Lassalle war aber spätestens seit dem «Godesberger Programm» von 1959 im Selbstverständnis der SPD kein Platz mehr. Die Redakteure des Bild- und Dokumentwerkes «Hundert Jahre Deutsche Sozialdemokratie» suchen sich auf folgende Weise aus der Affäre zu ziehen: «Das geschichtlich bedeutsamste Element dieses Programms* wie der gesamten Tätigkeit Lassalles war zweifellos der Appell an die Arbeiterschaft, als menschlich und politisch gleichberechtigter Partner den Staat mitzugestalten und schließlich dessen Leitung zu übernehmen.»[24]

Hätte Lassalle tatsächlich nichts anderes vorgeschwebt, als daß die Arbeiterschaft den vorhandenen Staat mitgestalten und in ihm schließlich die Leitung übernehmen solle, dann hätten die Autoren von «Hundert Jahre Deutsche Sozialdemokratie» recht. Recht hätten dann aber auch die Herausgeber der gesammelten Werke von Marx und Engels in Ost-Berlin mit ihrer Kennzeichnung Lassalles als «kleinbürgerlicher Agitator». Nur sieht die SPD, die längst ihren Frieden mit der bürgerlichen Gesellschaft geschlossen hat, in dieser Kennzeichnung keinen Makel mehr. Selbst wenn Lassalle wirklich ein «kleinbürgerlicher Agitator» gewesen wäre, wie die SED behauptet, würde also die SPD ihm daraus heute keinen Vorwurf machen.

Aber er war es nun einmal nicht. Er wollte den *vorhandenen* Staat nicht *mit*-, sondern *um*gestalten; und in diesem umgestalteten Staat brauchten die Arbeiter die Leitung gar nicht mehr zu «übernehmen». Sie hätten sie schon. Denn dieser Staat wäre schon sozialistisch. In diesem Punkt und in der Ablehnung des Staates *wie er war*, des monarchisch-feudalistischen wie des republikanisch-bürgerlichen, waren sich Marx und Lassalle völlig einig. Ihre Meinungsverschiedenheiten bezogen sich nur auf die (zeitlose) Idee des Staates, nicht auf seine (derzeitige) Realität. Diesen Unterschied übersehen sowohl SED wie SPD und kommen daher zu dem Fehlschluß, daß Lassalle, im Gegensatz zu Marx, «den Staat» bejaht habe. Ausnahmen von dieser Regel sind im marxistischen Lager Franz Mehring, der Lassalle gegen

---

* Lassalles Arbeiterprogramm

den Vorwurf «bürgerlicher Abweichung» energisch in Schutz nimmt, und im sozialdemokratischen Lager ein Mann von so hohen intellektuellen Graden wie Carlo Schmid.

«Lassalle», schreibt Carlo Schmid, «tat nichts anderes als das, was im Weltmaßstab Marx und Engels der Arbeiterklasse schlechthin aufgegeben hatten. Die politische Taktik Lassalles bedeutet also im Grunde gar keine so starke Abweichung von den politischen Prinzipien von Marx und Engels, wie es auf Grund des späteren Kampfes, den beide gegen die ‹Lassalle-Legende› führten, scheinen will.»[25]

Carlo Schmid zieht die Linie zwischen dem Staat im Hegelschen und dem Staat im konkret geschichtlichen Sinne ebenso scharf wie er die Übereinstimmung von Marx und Lassalle in ihren «politischen Prinzipien» hervorhebt. Er macht also zweierlei deutlich. Einmal, daß wer sich zu Lassalle bekennt, wie die offizielle SPD, sich ehrlicherweise auch zu Marx und Engels bekennen sollte. Zum anderen, daß eine Mitbestimmung in einem «Klassenstaat» niemals im Sinne Lassalles gewesen sein kann. Wobei Carlo Schmid allerdings die Frage offen läßt, ob die Bundesrepublik seiner Ansicht nach ein «Klassenstaat» ist oder nicht. Indem er weder in der einen noch in der anderen Richtung aus seinen eigenen Worten die letzten Konsequenzen zieht, erspart er seiner Partei die Alternative, entweder Lassalle auch als Marxist und Revolutionär zu akzeptieren oder ganz auf ihn zu verzichten.

Aber Lassalle war Revolutionär. Er war es schon 1848 und bezahlte dafür mit sechs Monaten Gefängnis, und er war es noch immer im Jahre 1864. Er war Revolutionär bis zum letzten Atemzug Nicht e r änderte sich, sondern seine Zeitgenossen taten es. Sie schlossen ihren Frieden mit den Feinden der Revolution und ließen es zu, daß aus der Pflicht, für Freiheit und Verfassung zu kämpfen, das Verbrechen des Hochverrats wurde. War «Revolutionär» in den Tagen des Paulskirchen-Parlaments und der März-Stürme von 1848 ein Ehrenname, so wurde daraus nach dem Sieg der Reaktion ein Bürgerschreck und Schimpfwort. Als die Welle der revolutionären Begeisterung verebbte und alles politische Treibholz mit sich riß, blieb Lassalle einsam auf seinem Posten. Er selbst nannte sich damals in einem Brief an den zur Flucht ins Ausland gezwungenen Mitstreiter Karl Marx *den Letzten der Mohikaner*[26]. Die Niederlage von 1848 war für ihn nur eine verlorene Schlacht, den Glauben an den Endsieg der Revolution konnte sie ihm nicht rauben.

Für ihn war dies nicht nur Glauben, sondern auch Wissen, Ergebnis der Einsicht in den notwendigen Ablauf der Geschichte. Dies seinen Anhängern wie seinen Gegnern klarzumachen, scheute er keine Mühe. Und wenn er auch, je nachdem, ob es darum ging, auf der Tribüne des Agitators, Arbeiter von der Notwendigkeit der Revolution zu überzeugen oder sich selbst auf der Anklagebank gegen den Vorwurf des Hochverrats zu verteidigen, die Akzente anders setzte, so verleugnete er doch nie seine revolutionäre Überzeugung. Gewiß zog der geborene Redner und in unzähligen Prozessen geschulte und gewiegte Advokat Lassalle einmal das eine, einmal das andere Register, aber nie ließ er sich dazu herab, seinen Zuhörern nach dem Munde zu reden.

In seinem *Arbeiterprogramm* wendet er sich zunächst gegen den Versuch, *eine Revolution machen zu wollen*, und nennt diesen Versuch *die Torheit unreifer Menschen, die von den Gesetzen der Geschichte keine Ahnung haben.* Unmittelbar darauf aber schreibt er den Reaktionären ins Stammbuch: *Eben deshalb ist es ebenso unreif und kindisch, eine Revolution, die sich bereits einmal in den Eingeweiden einer Gesellschaft vollzogen hat, zurückzudämmen ... oder einer solchen Gesellschaft oder Einzelnen, die sich bei diesem Hebammendienst beteiligen, den Vorwurf machen zu wollen, daß sie revolutionär seien.*

Die Revolution von 1848/49 war für Lassalle die Probe auf dieses Exempel. Hätte der König von Preußen sein den siegreichen Revolutionären im März 1848 gegebenes Versprechen gehalten, hätte er die damals verkündete Verfassung nicht anschließend wieder zerrissen und den auf Grund dieser Verfassung gewählten Landtag nicht mit polizeilicher Gewalt an der Ausübung seiner Rechte gehindert, hätte sich auch das Problem des Widerstandes gegen diese (illegale) Staatsgewalt nie gestellt. Als es sich aber stellte, bekannte sich Lassalle zu der einzigen Form des Widerstandes, die er in dieser Situation für angemessen hielt, die aktive und nicht die passive: *Die klar erkannte Schuldigkeit, pflichtmäßig widerstehen zu müssen, und die persönliche Feigheit, nicht auf Gefahr von Leib und Leben widerstehen zu wollen, diese beiden Potenzen erzeugten in ekelerregender Umarmung ... das schwindsüchtige Kind des passiven Widerstandes.*[27]

Ebenso wie zwei Arten von Wirklichkeit, eine vernünftige und eine unvernünftige, gibt es für Lassalle auch zwei Arten von Gewalt. Eine, die den Widerspruch zwischen Inhalt und Form der Geschichte verschlimmert und eine, die ihn heilt. Unvernünftig sind an sich beide, aber die zweite hat immerhin die Vernunft zum Ziel und ist stets nur das Echo auf die ursprüngliche, die im doppelten Sinne unvernünftige, weil den Widerspruch erhaltende und vermehrende Gewalt.

Selbst das Echo auf das Echo, die Antwort der Reaktion auf die revolutionäre Gewalt, muß also als eine Fortzeugung der ersten bösen Tat, die in der Unterdrückung des Neuen durch das Alte besteht, angesehen und darf der revolutionären Gewalt nicht gleichgestellt werden. Richtet sich die Gewalt gegen das Notwendige, gegen das, was sich *in den Eingeweiden der Gesellschaft* schon vollzogen hat, ist sie sowohl ihrer Natur wie ihrer Richtung nach vom Übel; verbündet sie sich dagegen mit dem Notwendigen, bleibt sie es zwar ihrer Natur nach, kann sich aber rechtfertigen durch ihre Richtung, durch ihren Zweck.

Aber auch wenn eine Revolution in einer bestimmten geschichtlichen Situation notwendig ist, so ist sie deswegen keineswegs notwendig gewaltsam. Es gibt Revolutionen ohne Gewalt ebenso wie Gewalt ohne Revolution. Dazu Lassalle zu seinen Richtern in seinem Hochverratsprozeß: *Welches ist der wissenschaftliche Sinn des Wortes «Revolution»? und wie unterscheidet sich Revolution von Reform? – Revolution heißt Umwälzung, und eine Revolution ist somit stets dann eingetreten, wenn, gleichviel ob mit oder ohne Gewalt, auf die Mittel kommt es dabei gar nicht an – ein ganz neues Prinzip an die Stelle des bestehenden Zustandes gesetzt wird. Reform dagegen tritt dann ein, wenn das Prinzip des bestehenden Zustandes beibehalten und nur zu milderen oder konsequenteren und gerechteren Forderungen entwickelt wird. Auf die Mittel kommt es wiederum dabei nicht an. Eine Reform kann sich durch Insurrektion und Blutvergießen durchsetzen und eine Revolution im größten Frieden. Die Bauernkriege waren der Versuch einer durch Waffengewalt zu erzwingenden Reform. Die Entwicklung der Industrie war eine in der friedlichsten Weise sich vollziehende totale Revolution, denn ein ganz neues Prinzip wurde an die Stelle des bis dahin bestehenden Zustandes gesetzt.*[28]

Doch wie erkennt man, ob die Stunde des bestehenden Zustandes geschlagen hat und ein ganz neues Prinzip im Anzug ist, ob die Zeichen der Zeit auf Reform stehen oder auf Revolution? Man erkennt es – an Hand der «Kategorien». Zu Lassalles Lebensziel, seinem Anspruch, gehört die Märtyrerbereitschaft und das Bekenntnis zur Revolution ebenso wie die «Kategorien». Sie setzen für den «Märtyrer der Revolution» die objektiven Maßstäbe.

DIE KATEGORIEN

Wenn Du nicht an die ewigen Kategorien glaubst, mußt Du an Gott glauben.

Lassalle zu Marx

In der Natur weicht das Alte dem Neuen kampflos, sobald seine Zeit abgelaufen ist. Warum sterben nicht auch die vom Menschen geschaffenen Systeme an ihren inneren Widersprüchen? Was hält sie am Leben, was befähigt sie, dem neuen, der nächsthöheren Stufe des geschichtlichen Prozesses, so lange und so erfolgreich Widerstand zu leisten? Einen Widerstand, an dem sich die revolutionäre Gewalt erst entzündet. Worin liegt die Überlegenheit der alten Ordnung über die neue, worauf beruht ihre Stärke und die Schwäche ihrer Widersacher? Lassalle nennt dafür zwei Gründe: Die Wirkungen des Beharrenden und der Organisation:

Die ewige Stärke aller Herrschenden, eine bestehende Ordnung verteidigenden Klasse liegt in der nicht zu täuschenden, durchgearbeiteten Bewußtheit, mit welcher sie ihr Klasseninteresse, eben weil es ein bereits bestehendes ausgearbeitetes ist, durchdringt. – Die ewige Schwäche einer jeden berechtigten revolutionären Idee, die sich zur Praxis kehren will, liegt in ihrem Mangel an Bewußtheit seitens der Glieder der ihr zugetanen Klassen, deren Prinzip noch nicht verwirklicht ist, sowie in dem hiermit zusammenhängenden Mangel an Organisation ... In der Tat, so schwer es dem Verstande wird, dies einzugestehen, beinahe scheint es, als ob ein unlöslicher Widerspruch zwischen der spekulativen Idee, welche die Kraft und Berechtigung einer Revolution ausmacht, und dem endlichen Verstand und seiner Klugheit bestünde.[29]

Lassalle entdeckt hier zwei wichtige Begriffe einer Wissenschaft, die es noch nicht gibt, einer Wissenschaft der Macht. Den Mächtigen fehlt das Interesse an einer Wissenschaft, die das Geheimnis ihrer Macht

Der Aufruhr. Gemälde von Honoré Daumier, 1848

entschleiern könnte, den Ohnmächtigen fehlen die Möglichkeiten, Lehrstühle für «Machtwissenschaft» zu errichten.

Vor Lassalle hat sich Niccolò Machiavelli mit dieser Frage beschäftigt. Aber sein schlechter Ruf hat eventuelle Nachfolger abgeschreckt. Wer immer die Gesetze der Macht einer wissenschaftlichen Untersuchung wert fand, geriet in Verdacht, ein Anbeter der Macht und ein Verächter des Rechts zu sein.

Lassalle hat aus seinen praktischen Erfahrungen mit der Macht theoretische Schlüsse gezogen, wie in dem oben zitierten Brief an Karl Marx, ebenso in seinem *System der erworbenen Rechte* und vor allem in seinen drei Vorträgen *Über Verfassungswesen.* Eine vollständige Wissenschaft der Macht wollte er nicht begründen. Aber schon die Bruchstücke einer solchen Wissenschaft genügten, um den Zorn der Mächtigen und ihres Anhangs auf sein Haupt zu laden. Wie Machiavelli wurde auch ihm vorgeworfen, er sei der Ansicht, daß Macht vor Recht gehen solle. Damit liefen ihm seine Gegner direkt in die Klinge:

Wenn ich die Welt geschaffen hätte, so ist es höchst wahrscheinlich, daß ich sie ausnahmsweise in dieser Hinsicht nach den Wünschen der «Volkszeitung» und des Grafen Schwerin [30] *und also so eingerichtet hätte, daß Recht vor Macht geht. Denn das entspricht ganz meinem eigentlichen ethischen Standpunkt und meinen Wünschen. Leider aber bin ich nicht in der Lage gewesen, die Welt zu schaffen, und muß jede Verantwortlichkeit, so Lob wie Tadel, für ihre wirkliche Einrichtung ablehnen . . . Und so zeigen* die Vorträge über Verfassungswesen, *daß . . .*

Der Kampf in der Brüderstraße in Berlin am 18. März 1848. Zeitgenössische Darstellung.

in der Wirklichkeit doch immer Macht vor Recht geht ... bis das Recht nun auch seinerseits eine hinreichende Macht hinter sich gesammelt hat, um die Macht des Unrechts zu zerschmettern.[31]

Lassalle hatte das Recht studiert, als juristischer Berater der Gräfin Hatzfeldt in ihrem Unterhalts- und Ehescheidungsprozeß, und dabei die Macht kennengelernt. Nach rund zwei Dutzend größtenteils verlorenen Prozessen schreibt er an den Bruder seiner Mandantin, den Fürsten Hermann Hatzfeldt, im Mai 1850: *Ihre Frau Schwester stand durch Stellung, Ansichten und zumal für die Augen der Richter dadurch, daß sich ihre Familie gänzlich von ihr zurückgezogen hatte, auf der Seite der Revolution – und seitdem haben die Gerichte weder Recht noch Gnade gegen sie mehr gekannt. Seit dem Jahre 1848 hat die Gräfin keinen noch so unverlierbaren Prozeß gewonnen; jedes Urteil fiel zu ihrem Nachteil aus. Das eigentümliche Unglück Ihrer Frau Schwester offenbarte sich auch darin, daß ich, der ihren Schutz hätte bilden sollen, unter diesen Umständen ihr nicht geringen Nachteil zuzog.*[32]

Lassalle fehlte der Glaube eines Michael Kohlhaas, daß das Recht schließlich doch siegen werde. Er machte sich keine Illusionen über seine Aussichten vor Gericht, solange sich in der Justiz nicht ein grundsätzlicher Wandel vollzogen habe, und einen solchen Wandel hielt er nicht für möglich ohne – Revolution: *Das Prozessieren ist in jeder Hinsicht zwecklos. Denn bei dieser Beschaffenheit der Justiz können wir nur Gerechtigkeit erlangen, wenn eine Revolution kommt. Wenn aber eine Revolution kommt, brauchen wir diese Prozesse nicht.*

Andererseits denkt Lassalle aber auch nicht einen Augenblick daran, den ungleichen Kampf aufzugeben und vor dem Unrecht der Justiz zu kapitulieren. Konnte er sein Ziel, der Gräfin Hatzfeldt einen angemessenen Anteil an dem riesigen Vermögen ihres Mannes als Abfindung und Unterhalt zu erkämpfen, nicht auf geradem Wege erreichen, dann eben auf krummen Wegen: *Das Mittel des Prozesses war bei halblich gerechten Richtern das natürlichste und einfachste ... Da die Justiz verkauft ist, gut, so sehe ich mich genötigt, andere Mittel und Wege einzuschlagen.*[33]

Tatsächlich kam Lassalle auf geradem Wege niemals zum Ziel. Er «gewann» den Prozeß nicht durch ein Gerichtsurteil, sondern durch einen Vergleich, nachdem er Mittelsmänner und Vertraute des Grafen Edmund Hatzfeldt bestochen hatte. Die Gräfin erhielt auf diese Weise eine beachtliche Summe und Lassalle, als Erfolgshonorar für seine achtjährige Advokatentätigkeit, eine Leibrente auf Lebenszeit. Diese Leibrente, zusammen mit Einkünften aus dem von ihm verwalteten väterlichen Vermögen, enthoben ihn vom Jahre 1854 an aller materiellen Sorgen.

Lassalle war der Meinung, man solle die Stimmen «wägen und nicht zählen». Die Frage war nur, mit welchen Gewichten und auf welcher Waage. Sicher nicht auf der Waage des höheren Einkommens, wie nach dem (bis 1918 [!] geltenden) preußischen Dreiklassenwahlrecht, sondern auf der Waage der höheren Einsicht. Die für die Besitzenden so einleuchtende These, daß Gott dem, der Besitz hat, auch Verstand, Verantwortungsgefühl und Sittlichkeit gab, war für ihn nicht diskutabel.

Aber solange die Bourgeoisie herrschte, war auch auf «demokratische» Mehrheiten kein Verlaß. Er hatte nicht nur das abschreckende Beispiel der «cäsaristischen» Machtergreifung des «terrible simplificateur»[34] Louis-Napoléon vor Augen, sondern auch die schon damals nicht zu übersehende meinungsmachende Macht der Presse: *Unser Hauptfeind ... ist heutzutage die Presse. Die Presse ist in dem Entwicklungsstadium, auf welchem sie angelangt ist, der gefährlichste, der wahre Feind des Volkes, ein um so gefährlicherer als er verkappt auftritt. Ihre Lügenhaftigkeit, ihre Verkommenheit, ihre Unsittlichkeit werden von nichts anderem überboten, als vielleicht von ihrer Unwissenheit.*[35]

Ganz gewiß spricht Lassalle hier auch in eigener Sache, aus eigener bitterer Erfahrung. Für die Betroffenen selbst war das – bis auf den heutigen Tag – Grund genug, Lassalles grundsätzliche Einwände gegen die Presse als *einem ganz gemeinen, ordinären Geldgeschäfte*[36] nicht zur Kenntnis oder nicht ernst zu nehmen.

Anderer Meinung war Karl Kraus. Er feierte Lassalles 100. Geburtstag im April 1925, indem er das, was Lassalle in seiner Rede *Die Feste, die Presse und der Frankfurter Abgeordnetentag* über die Presse gesagt hatte, in vollem Wortlaut in der «Fackel» nachdruckte. War für Karl Kraus die Presse jedoch in erster Linie ein Problem der in ihr tätigen Personen, so war sie für Lassalle ein Problem der hinter ihr stehenden gesellschaftlichen und wirtschaftlichen Kräfte. Eine täglich erscheinende Zeitung werde *zu einem sehr kostspieligen, nur bei sehr erheblichen Kapitalmitteln in das Leben zu rufenden Institut, so daß dadurch jetzt selbst die Fähigkeit auf die Volksmeinung zu wirken, sie aufklären und leiten zu können, ein Privilegium des großen Kapitalbesitzes geworden ist. Wäre dies nicht ... so würden sie* (die Arbeiter) *ganz andere und viel bessere Zeitungen besitzen.*[37]

Die tiefste Wurzel aller Übel der Gesellschaft sieht Lassalle aber nicht in der Presse, auch nicht im Privateigentum an Zeitungen, ja nicht einmal im Privateigentum überhaupt, sondern in dem *Prinzip des Besonderen.* Wo das *Besondere* herrschte, in welcher Form auch immer, konnte sich das Allgemeine nicht entfalten. Auch eine Partei, der Name besagt es bereits, verkörperte in Lassalles Augen an und für sich den Geist des Besonderen, und eine Parteigründung widersprach insofern seinen eigenen Grundsätzen. Aber die Partei war für ihn ebensowenig wie das allgemeine Wahlrecht jemals Selbstzweck, sondern immer nur Mittel zum Zweck. Und dieser Zweck war es, dem allgemeinen Geist, *dem Bewußtsein des ganzen Volkes,* zum Durchbruch zu verhelfen. Der Gedanke, daß Parteien verschiedener Richtung den allgemeinen Geist durch ein System von *Kontrollen und Balancen* von selbst hervorbringen könnten, diese Grundüberzeugung der parlamentarischen, auf dem Mehrheitsprinzip beruhenden Demokratie, schien ihm absurd. Zwar setzte er die Existenz eines gemeinsamen Bewußtseins als objektive Tatsache voraus, aber der Weg zu ihm führte nicht über die widerstreitenden Meinungen der vielen, sondern über die Einsicht der wenigen, unter Umständen die eines einzigen:

Wohin ich gekommen bin, überall habe ich von den Arbeitern Worte gehört, die sich in den Satz zusammenfassen: Wir müssen unserer aller

Willen in einen einzigen Hammer zusammenschmieden und diesen Hammer in die Hände eines Mannes legen, zu dessen Intelligenz, Charakter und gutem Willen wir das nötige Zutrauen haben, damit er aufschlagen könne mit diesem Hammer ...

Diese Disziplin beruht ... auf der hellen Erkenntnis, daß nur durch die Diktatur der Einsicht, nicht durch die Krankheit des individuellen Meinens und Nörgelns, die großen gewaltigen Übergangsarbeiten der Gesellschaft zu bewerkstelligen sind.[38]

Dieser Vorstellung von dem Hammer in der Hand eines einzigen Mannes und von der *Diktatur der Einsicht* entsprach haargenau die von Lassalle selbst verfaßte Satzung des Allgemeinen Deutschen Arbeiter-Vereins. Sie sicherte ihm, dem Präsidenten, nahezu diktatorische Vollmachten. Diese Satzung sollte der Arbeiterschaft helfen, die Demokratie zu erkämpfen. Zunächst in Gestalt des allgemeinen Wahlrechts. Aber sie war selbst alles andere als demokratisch. Eine «innerparteiliche Demokratie» gab es im ADAV nicht. Das führte vom ersten Augenblick der Parteigründung an zu Kritik aus den eigenen Reihen. Der erste Sekretär des ADAV, Julius Vahlteich, legte sein Amt nieder, weil er die diktatorischen Allüren Lassalles nicht ertragen konnte. Er meinte, man könne doch nicht für das allgemeine Wahlrecht und damit das Mitspracherecht der Arbeiter im Staat kämpfen und gleichzeitig innerhalb der Arbeiterpartei die Kritik und das Mitspracherecht einschränken oder gar ganz unterbinden. Lassalle antwortete seinen Kritikern, sie könnten ihn ja nach fünf Jahren (der Amtszeit des Präsidenten) abwählen. Aber bis dahin mußten sie ihm vertrauen, mußten ihn den «Hammer» so schwingen lassen, wie er es auf Grund seiner Einsicht für richtig und notwendig halte.

Lassalle unterscheidet zwischen dem Individuellen (dem Ungeteilten), das er bejaht und dessen Freiheit es zu verteidigen und zu schützen gilt, und dem *Besonderen*, Aparten, das dem Allgemeinen sein eigenes, gesondertes Interesse aufzwingen will und in dessen Bereich die Freiheit zur Willkür wird. Daß es überhaupt zur Entstehung des Besonderen kommen konnte, hat für Lassalle historische Gründe: Aus der christlichen Idee der unsterblichen Einzelseele wurde in der Epoche der bürgerlichen Aufklärung als höchstes irdisches Glück die Persönlichkeit und schließlich, im Zeitalter des Kapitalismus, das Streben nach irdischem Besitz. Diesen Gedanken entwickelt bereits der Zwanzigjährige in einem Brief an seinen Jugendfreund Baron Hubert von Stücker: *Was aber noch zeugungsfähig war im Christentum und demgemäß bleibt, ja jetzt erst weltbeherrschend hervortritt, ist auch die Unendlichkeit und Geltung des Subjekts, aber dieses als die reale, gegenwärtige, diesseitige gefaßt. Das Subjekt sucht sich seine Vollendung und Geltung nicht mehr als überirdische ätherische, sondern als reale hiesige, es sucht seine Seligkeit und Geltung auf Erden ... zuerst als Freiheit – die französische Revolution ... Dann als Geld, Eigentum, Besitz ... Das Streben nach realisierter Freiheit ist der Materialismus.*[39]

Das durch Aufklärung und Französische Revolution von den Bindungen des christlich-feudalen Zeitalters befreite Subjekt wandelte sich also im Laufe des bürgerlich-kapitalistischen Zeitalters zum Materialisten und Egoisten, zum Verfechter des Besonderen gegen das Allgemeine. Schützte privater Besitz das Individuum ursprünglich gegen staatliche Willkür und sicherte ihm die ihm zustehende Freiheitssphäre, so verwandelte er sich allmählich in den Händen der Besitzenden zu einem Instrument der Willkür und der Einschränkung der Freiheit und des Eigentums anderer. Aus der Freiheit des Individuums wurde im Zeichen des «Liberalismus» die Willkür des *Besonderen*: *Der Liberalismus will die Rechte, die er will ... nie für das Individuum, sondern immer nur für das in besonderer Lage befindliche, so und so viel Steuern zahlende, mit Kapital ausgerüstete usw. Individuum; also immer nur für den Besonderen.*[40]

Das Besondere ist für Lassalle zugleich das Willkürliche, Unverbindliche, Beliebige. In ihm ist kein Raum für absolute, für «ewige» Kategorien. Diese sind Schöpfungen des «allgemeinen Geistes». Der allgemeine Geist bzw. das «gemeinsame Bewußtsein des ganzen Volkes» entscheidet auch darüber, ob eine revolutionäre Idee den Anspruch erheben kann, eine «berechtigte» zu sein oder nicht. Der bloße Umstand, daß sie revolutionär ist, macht sie keineswegs dazu. Auch für den Revolutionär Lassalle waren höchste und letzte Maßstäbe die «ewigen Kategorien» des Rechts, der Sittlichkeit und der Vernunft.

JUDE IN PREUSSEN

«Ich gönne ihnen alle Rechte, nur nicht das, in einem christlichen Staate ein obrigkeitliches Amt zu bekleiden.»

Otto von Bismarck im Vereinigten Landtag
über die Juden

Das kurze, stürmische Leben Ferdinand Lassalles begann in einem windstillen Winkel Deutschlands: der preußischen Provinzhauptstadt Breslau. Am 13. April 1825* kam er als zweites Kind des jüdischen Tuchhändlers Heyman Lassal und seiner Frau Rosalie, geb. Herzfeld, zur Welt. Wohn- und Geschäftsräume der Lassals befanden sich unter einem Dach. Zu ebener Erde des an der Ecke Roßmarkt und Schloßstraße in der Breslauer Altstadt gelegenen Hauses lag das sogenannte «Gewölbe», ein offener Laden, in dem Heyman Lassal Ballen von Seide, Kattun und anderen Stoffen en gros verkaufte. In diesem von Geschäftssinn und Familiensinn gleichermaßen geprägten Milieu erhielt der frühreife Knabe Ferdinand seine ersten Eindrücke. Sie waren seiner Entwicklung alles andere als zuträglich. Für kleine Dienste, die er Mitschülern oder Familienmitgliedern erwies, ließ er sich bezahlen und feilschte dabei um jeden Groschen. Die Familie beschützte und umhegte ihn und ließ seine Unarten üppig ins Kraut schießen.

Eine Entschuldigung für diese Unarten – etwa ein zu knapp bemes-

* Auf der Grabinschrift fälschlich 11. April.

senes Taschengeld – gab es nicht. Das Taschengeld wurde ebenso wie die zusätzlich verdienten Groschen in Konditoreien vernascht und beim Billard und Kartenspiel ausgegeben. Immer heimlich und manchmal sogar während der Schulzeit. Vater Heyman bewunderte seinen superklugen Sohn, beaufsichtigte ihn kaum und erzog ihn so gut wie gar nicht. Als er ihn einmal beim Schuleschwänzen und Billardspielen erwischte, fiel er aus allen Wolken und griff zornentbrannt zur Rute. Der tief in seinem Stolz verletzte Missetäter verließ wortlos das Haus und versetzte seinen Vater in größte Ängste. Tatsächlich wollte sich Ferdinand das Leben nehmen. Unschlüssig stand er am Ufer des Stadtgrabens, gleich hinter dem Lassalschen Haus. In seiner Seele kämpften glühender Zorn und die erlittene Schmach und Mitleid mit dem Vater, den er mit seinem Selbstmord strafen wollte. Allmählich gewann das Mitleid Überhand. Daß er die Tracht Prügel mehr als verdient hatte, kam ihm nicht in den Sinn. All das schildert Lassalle in seinem Tagebuch.

Heyman Lassals Schwäche und Bewunderung für den frühreifen Sohn hatte tiefere Gründe als gewöhnlichen Vaterstolz. Jahrhundertealte Getto-Erfahrungen hatten ihn gelehrt, daß ein Jude vor allem Intelligenz braucht, wenn er sich in einer «christlichen» Welt im Kampf ums Dasein behaupten will. Er selbst hatte es nur durch seine Intelligenz und jahrelange harte Arbeit vom kleinen Trödler zum angesehenen Kaufmann gebracht. Die Intelligenz seines Sohnes schätzte er weit höher ein als seine eigene und erwartete von ihm entsprechend «große Dinge». Möglichst nicht auf geschäftlichem Gebiet, aber welche anderen Wege zu Ehre und Ansehen standen einem Juden im damaligen Preußen offen?

Die Christen hatten, mit Hilfe des Gettos, die Juden in eine Situation gebracht, in der sie nur mit Hilfe von Geist und Geld einigermaßen menschenwürdig existieren konnten; und stellten dann zu ihrem Mißfallen fest, daß die Juden einen «jüdischen Geist» entwickelt hatten.[41] Dieser «jüdische Geist» diente dann als Rechtfertigung dafür, daß man die Juden auch nach ihrer Befreiung aus dem Getto und trotz der Judenemanzipation immer noch als Bürger zweiter Klasse behandelte. In die-

Der Wollmarkt auf dem Großen Ring in Breslau, 1830

Ferdinand Lassalle. Jugendbildnis

sem Punkt war auch Otto von Bismarck unerbittlich. Im Vereinigten Landtag erklärte er, daß er den Juden alle Rechte gönne, «nur nicht das, in einem christlichen Staate ein obrigkeitliches Amt zu bekleiden»[42]. Wenn selbst der intelligenteste unter den preußischen Junkern, der gern mit Juden verkehrte und sich auch gern in Gelddingen von ihnen beraten ließ, so redete, wie mochte dann erst die Masse der preußischen Konservativen über die Rechte und die Rolle der Juden im Lande denken? Nicht einmal Professor hätte Lassalle in Preußen werden können, geschweige denn Minister oder Kanzler.

Stellen wir uns einmal vor, Lassalle hätte die Ursache aller Schattenseiten des bestehenden Zustands in der «unveränderlichen menschlichen Natur» gesucht oder in der Erbsünde, oder hätte sie als gläubiger Jude als «Strafe Gottes» hingenommen. In all diesen Fällen hätte ein guter Konservativer aus ihm werden können. In England hätte er es mit seiner Begabung in der Politik weit bringen können. So weit wie Disraeli.

Die englischen Konservativen waren klug genug, begabte Juden in ihre Reihen aufzunehmen und sich auf diese Weise geistig zu verjüngen. In Preußen durften intelligente Juden zwar auch in den konservativen Reihen mitdenken, aber niemals mitreden oder gar mitregieren. Die Engstirnigkeit der preußisch-deutschen Spielart des homo sapiens conservativus hat also Lassalle vor der Versuchung bewahrt, als Konservativer eine politische Karriere zu machen. Ob er ihr unter anderen – «englischen» – Bedingungen erlegen wäre, kann niemand mit Sicherheit entscheiden. Man kann höchstens spekulieren, daß die üblichen Tröstungen, wie die erwähnte «unveränderliche menschliche Natur» oder die «Erbsünde» oder der «strafende Zorn Gottes», seinem philosophisch geschulten Intellekt auf die Dauer nicht genügt hätten.

Er hatte bei seinen Dummen-Jungen-Streichen Geldgier und Habsucht in sich selbst kennengelernt und sah sich vor die Wahl gestellt, entweder «den Schacher mit Geld» oder sich selbst zu verachten. Mildernde Umstände in Gestalt einer angeborenen menschlichen Schwäche oder Sündhaftigkeit billigte er sich nicht zu. Dazu kannte er sich selbst zu gut. Man kann die einzelnen Stationen der Selbsterkenntnis und der Selbsterziehung in seinem Tagebuch genau verfolgen. Vor dem eigenen, dem Tagebuch anvertrauten Urteil hielt keine Selbsttäuschung stand. Kein Naturgesetz und kein Gott konnte ihm die Verantwortung für die eigenen Entschlüsse, für das eigene Schicksal abnehmen. Er war sein eigenes Gesetz, sein eigener Gott. Eine Überheblichkeit ohnegleichen, sowohl nach christlichen wie nach mosaisch-jüdischen Maßstäben, aber eine Überheblichkeit prometheischen Formats. Gerade weil er sich nicht (wie Hermann Oncken von Marx sagt) der «christlich-deutschen Umgebung ... schon ziemlich angepaßt hatte», gerade weil er ein Jude aus dem Osten war und zugleich den traditionellen Juden abgestreift hatte, konnte er sich erkühnen, den Göttern das ewige Feuer der Freiheit zu rauben und es auf Erden zu entzünden.

Solche Gedanken konnten den braven, gottesfürchtigen Heyman Lassal nur mit Grauen erfüllen. Chajjim Wolfssohn, wie er ursprünglich hieß, hatte in Loslau, Oberschlesien, die Talmud-Schule besucht. Aus Loslau wurde schließlich «Lassal», der neue Familienname. Vater Lassal blieb zeitlebens ein frommer Jude. Sein Gott war der sein Volk zur Gesetzestreue und Geduld ermahnende, traditionelle Judengott. Schon allein deshalb konnte Heyman die revolutionären Ideen seines Sohnes nicht gutheißen. Innerhalb der bestehenden Ordnung sollte der Sohn es so weit bringen, wie es ein Jude in dem christlichen Land Preußen überhaupt bringen konnte. Dazu wollte ihm der Vater in jeder Weise behilflich sein. Aber er sollte nicht versuchen, die bestehende Ordnung umzustürzen. Er sollte sich in der Welt eine geachtete Stellung machen, als Gelehrter, als Schriftsteller. Er sollte Karriere machen, aber keine Skandale. Genau das Gegenteil aber tat der Sohn. Sein Leben war vom Revolutionsjahr 1848 an ein einziger Skandal. Seinem Kummer darüber gab der schon Schwerkranke in seinem letzten Brief an den Sohn rückhaltlos und ergreifend Ausdruck:

«Ach, ich bin sehr betrübt. Mein armes Herz, welches wie Du weißt, ohnehin krank ist, bricht unter diesem geistigen Kummer, und wohl kann ich mit Vater Jakob ausrufen, ich werde mit Traurigkeit in die Grube steigen. Ich schäme mich, jemandem unter die Augen zu treten. Alles siehet mich mit sonderbaren Blicken an, weil jeden Tag etwas anderes von Dir in der Zeitung steht. Ach, wenn ich nur in einem anderen Weltteil wäre, wo ich niemand kenne und von niemandem gekannt wäre.»[43]

Lassalle hat seinen Vater nach diesem Brief nicht wiedergesehen. Im Oktober 1862 eilte er von Berlin nach Breslau, kam aber zu spät. An die Schwester schrieb er: *Der einzige, der mich wirklich liebte und verstand, ist dahin.*[44]

Lassalle hat seinen Vater, auf seine Weise, sicherlich geliebt. Aber wie seine Liebe zu Frauen – sofern ihm da nicht die Sinnlichkeit einen Strich durch die Rechnung machte – ging auch seine Sohnesliebe mehr durch den Kopf als durch das Herz. Der Briefwechsel zwischen beiden läßt daran keinen Zweifel. Wenn es galt, seinen Willen durchzusetzen, scheute der Sohn vor nichts zurück, auch nicht vor härtesten Vorwürfen und moralischer Erpressung. Eiskalte und anmaßende Zurechtweisungen wechseln ab mit überschwenglichen Liebeserklärungen.

Hatte der Vater es früh aufgegeben, den Sohn zu erziehen, so hatte die charakterlich schwierige, menschenscheue und schwerhörige Mutter es nie versucht. Sie sorgte für ihn ihr Leben lang, schickte ihm seine Lieblingskuchen und warme Kleider, aber nur zweimal hat er ihr ganz gehört: in seinen allerersten Lebensjahren und nach seinem Tode. Aus einem häßlichen Streit am offenen Sarg mit Lassalles Lebenskameradin und Wahlmutter, Sophie von Hatzfeldt, ging die natürliche Mutter als Siegerin hervor. Sie kehrte mit dem toten Sohn aus dem Rheinland, dem Schauplatz seiner Triumphe, ins heimatliche Breslau zurück und ließ ihn dort auf dem jüdischen Friedhof beisetzen.

Lassalle hat seine Mutter geehrt, wie das Gesetz Mose es befiehlt, und sie hat ihn mütterlich betreut, soweit er ihr dazu Gelegenheit gab. Er schrieb ihr zuweilen lange philosophische Briefe, ohne im Ernst zu erwarten, daß sie sie verstand. Wirklich nahe sind sich Mutter und Sohn nie gekommen.

Weit enger, im Guten wie im Bösen, war Lassalles Bindung an die einige Jahre ältere Schwester Friederike. Er stritt sich zwar häufig mit ihr und «strafte» sie mit tagelangem Schweigen, aber wenn ihr ein Leid widerfuhr, dann schwor er, an dem Bösewicht – in diesem Fall einem treulosen Verlobten – furchtbare Rache zu nehmen: *Den schrecklichsten Fluch über mich selbst, wenn ich ruhe, bis ich gerächt, fürchterlich gerächt habe an diesem Hund meine Schwester, meinen Vater. Wenn ich je daran vergesse, will ich verflucht sein hier und dort. Wenn ich die Leiden nicht zehnfach zurückerstatte, die er meinem Vater, meiner Schwester zugefügt, möge ich verdammt sein. Gott Du hörst es.*[45] So schwülstig, alttestamentarisch sah es in dem Kopf des Fünfzehnjährigen aus.

Wenn Lassalle, der damals die Sekunda des Magdalenen-Gymnasiums in Breslau besuchte, solche Ausbrüche auch seinem Tagebuch vorbehielt, so genügte vielen seiner Bekannten schon sein arrogantes und exaltiertes Wesen, um ihn unausstehlich zu finden. Er selbst kann das nicht begreifen: *Ich weiß nicht, wie es kommt, daß ich mit meinen Mit-*

schülern so schlecht stimme, da ich doch keinen beleidige und mich bestrebe, jedem gefällig zu sein.[46]

Noch weniger als mit den Mitschülern «stimmte» er mit den Lehrern. Der Rektor der Leipziger Handelsschule, an der er zwischen dem Gymnasium und Abitur ein einjähriges Gastspiel gab, bescheinigte ihm, er sei «vorlaut, naseweis, liederlich und anmaßend» und schrieb unter sein Abgangszeugnis, obwohl es von Einsen und Zweien strotzte: «War weder von den Lehrern noch von den Schülern geachtet.»

Nur zu Hause war der Knabe Ferdinand unbestrittener König. Er hatte Sitz und Stimme im Familienrat, entschied mit in Dingen, die weit über seinen Reifegrad hinausgingen, über Person und Bankkonto des neuen Verlobten seiner Schwester, Ferdinand Friedland, und genoß in jeder Hinsicht eine Behandlung, die ihn nur in seinem bereits überentwickelten Selbstbewußtsein bestärken konnte. Ob eine andere, vernünftigere Erziehung viel genutzt hätte, ist allerdings sehr zweifelhaft. Wenn es jemand gab, der diesen eingebildeten Tunichtgut, diesen «dummen Jungen», wie er sich selbst rückblickend titulierte, zur Vernunft bringen konnte, dann war es nur er selbst.

Und er brachte sich zur Vernunft. Nicht zuletzt mit Hilfe seines Tagebuchs. Seine erste Eintragung lautete: *Ich will mit der größten Gewissenhaftigkeit und Aufrichtigkeit nicht nur das aufzeichnen, was ich tat, sondern auch die Motive des Handelns angeben.*[47]

Diesem Vorsatz ist er achtzehn Monate lang, so lange führte er das Tagebuch, treu geblieben. Er verschwieg nichts und beschönigte nichts: *Und wenn ich eine ungerechte Tat verübt habe, werde ich dann nicht erröten, wenn ich sie hier aufzeichne? Und werde ich noch mehr erröten, wenn ich sie später überlese? Dieses doppelten moralischen Zwecks willen, wie auch wohl deswegen, weil es Vergnügen gewährt, wenn man nach Jahren liest und sich's ins Gedächtnis zurückruft, was man vor Jahren genossen oder erlitten hat, habe ich es unternommen, ein Tagebuch zu schreiben.*[48]

Das Tagebuch wird zum Blitzableiter für Zornesausbrüche, wie den schon zitierten fürchterlichen Racheschwur – es wird zum Freund, dem man selbst die wahnwitzigsten Zukunftsvisionen und «kindischen» Träume anvertrauen kann, wie die Bereitschaft, *mit den Waffen in der Hand* für die Selbständigkeit der Juden zu kämpfen und dabei *selbst das Schafott nicht* zu *scheuen.*[49] Oder nicht nur den Juden, sondern überhaupt *den Völkern die Freiheit* zu *verkünden, und sollt' ich im Versuche untergehen.* Mit diesem Vorsatz ist es dem Tagebuch-Beichtkind so bitter ernst, daß er notiert: *Ich schwöre es bei Gott unter den Sternen und fluch' mir, wenn ich meinem Schwur untreu werde . . . Ich will hintreten vor das deutsche Volk und vor alle Völker und mit glühenden Worten zum Kampf für die Freiheit auffordern.*[50]

Man kann nur staunen, daß solche ausschweifenden Phantasien sich nicht nachteilig auf das Erlernen des Naheliegenden auswirkten, auf das Pauken von lateinischen, griechischen Vokabeln, auf das Erlernen des Französischen und Englischen und die Vertiefung in die deutsche Literatur. Aber Lassalle lernte spielend leicht. Er war fast immer Klassenbester – wenn er wollte. Aber die kleinste Kränkung, die geringste wirkliche oder eingebildete Ungerechtigkeit eines Lehrers konnte aus dem besten den schlechtesten Schüler machen: *Kurz darauf setzte* der Lateinlehrer *mich eine Bank hinunter. Daß es die totalste Ungerechtigkeit war, sagte die ganze Klasse, und was mehr, mein Bewußtsein. Und seit jener Zeit bin ich in Faulheit verfallen, damit ich doch das Heruntersetzen nicht unverdient erleiden möchte, und diese Faulheit ist wirklich nicht gar zu gering.*[51]

Aber seine Faulheit bringt ihn in die peinliche Lage, seine schlechten Zeugnisse dem Vater zur Unterschrift vorzulegen oder die väterliche Unterschrift fälschen zu müssen. Er entscheidet sich für die Fälschung. Sie fällt so geschickt aus, daß sie zunächst nicht entdeckt wird; aber dem Missetäter wird jetzt der Boden in Breslau zu heiß. Er will unbedingt fort von dort, fort von dem Gymnasium. Um sein Ziel zu erreichen, heuchelt er Interesse für den Kaufmannsberuf. Daraus ist später die Legende entstanden, Vater Heyman habe den Sohn «zwingen» wollen, Kaufmann zu werden, und Ferdinand habe sich diesem Ansinnen mannhaft widersetzt. In Wahrheit war es genau umgekehrt: Der Vater hätte es gern gesehen, wenn Ferdinand das Gymnasium weiter besucht und dort ein reguläres Abitur gemacht hätte. Ferdinand dagegen zog es nach Leipzig, auf die dortige Handelsschule, um einem peinlichen Verhör wegen seiner Breslauer Schwindeleien zu entgehen. In einem seiner schwachen, eitelsten Augenblicke hat Lassalle später einmal behauptet, sein Vater habe ihn zum Kaufmannsberuf bestimmt gehabt, er aber habe die Wissenschaft vorgezogen. Das unbestechliche Tagebuch sagt jedoch, wie es wirklich war: *Ich aber hab, obgleich meine Eltern abrieten und mich zum Studieren bewegen wollten, freiwillig jedem ästhetischen Leben entsagt, um Ladenschwengel zu werden . . . so drängte mich meine damals überaus schreckliche Lage, der ich um alles in der Welt entrinnen wollte. Ich sah ein, ich konnte das Gewebe von Lügen nicht mehr lange fortführen. Es ging nicht. Ich wollte das Gymnasium und Breslau fliehen, noch ehe der Betrug entdeckt war.* [52]

Sollte der Fluchtplan gelingen, so mußte Ferdinand eine Zeitlang zum mindesten so tun, als habe er ernstlich die Absicht, «Ladenschwengel» zu werden. Aber dem Tagebuch gegenüber ist er ehrlich. Schon bald nach seiner Ankunft in Leipzig bekennt er: *Ich traue auf den Zufall und meinen festen Willen . . . mich mehr um die Freiheit als um die Warenpreise zu bekümmern, heftiger die Hunde von Aristokraten, die dem Menschen sein erstes höchstes Gut nehmen, als die Konkurrenten, die den Preis verschlechtern, zu verwünschen. Aber beim Verwünschen soll's nicht bleiben.* [53]

In Leipzig erwachte in Lassalle auch der ritterliche Beschützer bedrängter Unschuld und «Drachentöter». Von seinem ihn krank machenden Ekel angesichts der Niederträchtigkeiten seines Pensionsvaters gegenüber dessen Ehefrau war schon die Rede.[54] Der Entscheidung über den von jetzt an einzuschlagenden Weg konnte er nicht mehr ausweichen. Eine Tagebucheintragung aus dieser Zeit, August 1840, macht es deutlich: *Ebenso kämpfen in meinem Innern zwei andere Extreme. Soll ich klug, soll ich tugendhaft sein in meinem Leben? Soll ich den Mantel nach dem Winde hängen, den Großen schmeicheln, mir durch feine In-*

Lassalle als Handelsschüler in Leipzig

trigen Vorteile und Ansehen erschleichen, oder soll ich wie der trotzigste Republikaner an der Wahrheit und Tugend halten, alles andere nicht beachten und nur darauf ausgehen, dem Aristokratismus den Todesstoß zu versetzen? Aber nein, ich will, obwohl ich auch dazu Talent hätte, kein lächelnder feiger Hofschranze werden! Ich will den Völkern die Freiheit verkünden, und sollt' ich im Versuche untergehen.[55]

Doch die Kluft zwischen solchen hochfliegenden und obendrein gefährlichen Gedanken und der täglichen Routine des Unterrichts ist an der Handelsschule zu Leipzig nicht geringer als am Gymnasium zu Breslau. Das spüren die Mitschüler und Lehrer mehr noch als Lassalle. An seinen Leistungen ist nichts auszusetzen, sie gehören in allen Fächern zu den besten, wohl aber an seinen sich weder für einen werdenden Geschäftsmann noch für einen Jüngling seines Alters passenden Reden. Er schreibt zwar stolz an seinen Vater: *Jeden Tag halte ich in der Klasse ... die herrlichsten Reden von ... Robespierre und entzünde mit allen*

Feuerworten glühendster Beredsamkeit, die mir zu Gebote stehen, die naßkalten deutschen Jünglingsherzen.[56]

Aber die Jünglingsherzen waren schwer zu entzünden und der Klassenlehrer Schiebe bemerkte: *«Ein Kaufmann, der von Sokrates und Cicero spricht, wird gar bald seinem Bankerott entgegensehen.»*[57]

Zu jener Zeit hatte Lassalle nicht nur Sokrates und Cicero gelesen, sondern auch Homer, Sophokles und Voltaire. Was er einmal seinem Gedächtnis einverleibt hatte, blieb dort wie in einem wohlgeordneten Archiv aufbewahrt und ließ sich jederzeit wieder «abrufen». Dieses phänomenale Gedächtnis kam ihm später als Advokat, in seinen politischen Prozessen und als Volksredner sehr zustatten.

Das Jahr auf der Leipziger Handelsschule neigte sich dem Ende zu, und Lassalle mußte sich entscheiden, welcher vorzeigbare Beruf seinem wirklichen Berufsziel, dem des «Revolutionärs», förderlich oder ihm zum mindesten nicht diametral entgegengesetzt war. Was kam da in Frage? *Der Arzt, der Advokat ... sind Kaufleute, die mit ihrem Wissen Handel treiben. Oft auch der Gelehrte,* schrieb Lassalle im April oder Mai 1841.[58] Und vom Journalismus als Brotberuf sagte er später einmal: *Ich hasse die Prostitution der Feder.* Die Schnorrereien, die Schwindeleien und die Geldgier des Breslauer Gymnasiasten waren in ihr Gegenteil umgeschlagen. Der Leipziger Handelsschüler verachtete das Geld und den Gelderwerb. Franz Mehring hat dafür folgende Erklärung: «... die Schlacken des jüdischen Schachers schliffen sich ab an dem christlichen Schacher, der in der Handelsschule nach allen Regeln der Kunst gelehrt wurde ... er schauderte davor zurück.»[59] Franz Mehring sieht also in der Handelsschule nicht nur einen Ort, an dem Lassalle über sich und seine «Jugendtorheiten» nachdenken und sich von ihnen befreien konnte, sondern auch eine Art antikapitalistisches Purgatorium.

Also weder «jüdischer noch christlicher Schacher» war von jetzt an die Parole. Was aber konnte und sollte ein Feind jeglichen «Schachers» in einer vom «Schacher», dem Streben nach Geld, regierten Welt anfangen? *Ich wollte studieren, der Sache, des Wirkens wegen ... Der Kampf für die Freiheit wurde geführt nicht durch die rohe physische Macht, sondern durch die Macht des Geistes ... Freilich muß später durch die physische Gewalt die Wahrheit unterstützt werden, denn sie wollen es nicht anders, die Leute auf den Thronen. Nun, so laßt uns die Völker nicht aufregen, nein, erleuchten, aufklären ...*[60]

Über das Ziel, über den Zweck seines Lebens, war sich Lassalle von jetzt an (mit sechzehn Jahren) im klaren. Es galt nur noch, den Weg zu diesem Ziel, das Mittel zu diesem Zweck zu wählen. Er wählte das Studium, die Wissenschaft, die Schriftstellerei. Auch das stand für den Handelsschüler bereits fest.

Vorher allerdings mußte er noch einmal an das Gymnasium in Breslau zurück, um hier sein Abitur zu machen. Um es schon mit sechzehn Jahren machen zu können, bedurfte er einer besonderen Genehmigung des preußischen Kultusministers. Er beantragte sie persönlich und erhielt sie auch, scheiterte aber an der diesmal offenkundigen Mißgunst und Rachsucht seiner Breslauer Lehrer, die ihn ausgerechnet wegen seines deutschen Aufsatzes durchfallen ließen. Bei einem zweiten Versuch, im selben Jahr, bestand er mit Glanz.

Nun stand der Weg zum Studium offen. Aber was und mit welchem staatlich anerkannten Berufsziel studierte ein «Jude in Preußen»? Nicht nur Bismarck war der Meinung, man könne den Juden kein «obrigkeitliches Amt» geben, auch der große Philosoph Fichte hatte erklärt: «Menschenrechte müssen die Juden haben. Aber ihnen Bürgerrechte zu geben, dazu sehe ich wenigstens kein Mittel als das, in einer Nacht ihnen allen die Köpfe abzuschneiden und andere aufzusetzen, in denen auch nicht eine jüdische Idee sei. Um uns vor ihnen zu schützen, dazu sehe ich wieder kein anderes Mittel, als ihnen ihr gelobtes Land zu erobern und sie alle dahin zu schicken.»

Lassalle hatte bei aller Liebe zu Fichte, den er fast so verehrte wie Hegel, und bei aller Liebe zu Deutschland, von dessen besonderer Mission in der Geschichte er überzeugt war, keine Lust, sich seinen jüdischen Kopf abschneiden und durch einen anderen ersetzen zu lassen, und auch ins «Gelobte Land» zog es ihn nicht. Aber Fichte hatte noch nicht zu Ende gesprochen. Er fuhr fort: «Derjenige Jude, der sich über die festen Verschanzungen, die vor ihm liegen, zur allgemeinen Gerechtigkeit, Menschen- und Wahrheitsliebe hindurchringt, ist ein Held und ein Heiliger. Ich weiß nicht, ob es deren gibt. Ich will es glauben, sobald ich sie sehe. Nur verkaufe man mir nicht schönen Schein für Realität.»[61]

Nach Fichtes Ansicht gab es für einen Juden in Preußen also nur die Alternative, sich den «Kopf abschneiden» zu lassen, das heißt sich vollständig zu assimilieren, oder «ein Held und ein Heiliger» zu werden. Für einen Juden in Preußen mit Lassalles ungestümem Temperament und grenzenlosem, himmelstürmendem Selbstvertrauen stand danach gar keine andere Laufbahn offen als die des «Helden und Heiligen».

FREUNDE UND FRAUEN

Du bist eigentlich der letzte männliche Freund, der mir geblieben; denn Mendelssohn ist mir gestorben, und die Gräfin, so überaus ausgezeichnet diese Frau ist und von so unendlichem Wert mir ihre Freundschaft, doch als Weib nicht imstande, in alle Mysterien des Männergedankens mit ganz erschöpfendem Verständnis zu folgen.

Lassalle an Marx, 6. März 1859

Von seinem 17. bis zu seinem 21. Lebensjahr studierte Lassalle. Von Ostern 1842 bis Ostern 1844 in Breslau, dann zwei weitere Jahre in Berlin. Student, im üblichen Sinne des Wortes, war Lassalle aber nie. Dazu war er zu ungesellig, zu eigensinnig, zu hochmütig und – zu zielbewußt. Teilhaben an dem «frisch-fröhlichen Studentenleben» hätte er als unter seiner geistigen Würde gefunden, und der Burschenschaft «Raczeks» trat er nur bei, weil sie ihm Gelegenheit bot, zu diskutieren.

Hegel. Gemälde von Jack Schlesinger, um 1825

Vorlesungen besuchte er nur, wenn sie in seinen eigenen Studienplan paßten, und von den Professoren fanden nur wenige vor seinen kritischen Augen Gnade. Genaugenommen war er also vier Jahre lang, von 1842 bis 1846, nicht «Student», sondern immatrikulierter Autodidakt.

Er bewältigte nach eigenem Lehrplan einen ungeheuren Wissensstoff und fühlte sich nicht nur, sondern war auch sehr bald den meisten seiner Lehrer sowohl an Wissen als auch in der Handhabung dieses Wissens hoch überlegen. Selbst gegenüber dem großen Alexander von Humboldt behielt er einmal als zwanzigjähriger Student in Berlin in einem Streit über Hegel recht. Die Anwesenden fanden die Art, wie Lassalle diesen Streit führte, respektlos und anmaßend, aber Humboldt bewies seine Größe, indem er diese Niederlage zum Anlaß nahm, Lassalle fortan in jeder Weise zu unterstützen und zu fördern.

Beschäftigung mit der Wissenschaft bedeutet für Lassalle, vorzudringen zu der von ihm vorausgesetzten und nur der Entdeckung harrenden Wahrheit hinter allem menschlichen Wissen; bedeutete einzutauchen in den Strom ewiger und sich ewig wandelnder Realität. Wer aber eintauchte in diesen Strom, wurde selbst zur «Welle», nahm teil an dem Wirken des Geistes in der Geschichte. Das Nachdenken großer Ideen, ihre Anwendung auf die Gegenwart und ihre Weiterführung in die Zukunft war also nicht nur eine geistige Tätigkeit des Menschen, sondern auch eine menschliche Tätigkeit des Geistes. Wer diesen Geist begriff (oder von ihm ergriffen wurde), überblickte das Sein in seinem Werden, und wer solches Wissen hatte, mußte auch wirken wollen, und wer wirken wollte, mußte auch wissen. Wissenschaft und Wirken bildeten somit eine untrennbare Einheit. Es kam nur darauf an, diese Einheit zu erkennen und zu verwirklichen. Lehrplan und Lebensziel wurden damit für Lassalle eines.

In dieser Stimmung, der aber noch die Gewißheit fehlte, begegnete Lassalle dem «Meister Hegel». Man versteht, daß diese Begegnung ihn überwältigte, daß sie ihm als göttliches Geschenk erscheinen mußte, denn in ihr fand er die Antwort auf seine eigenen stürmischsten, quälendsten Fragen. Bevor Lassalle Hegelianer aus Wissen und Überzeugung wurde, war er schon Hegelianer von Natur.

Die äußeren Daten über die Breslauer Studienjahre sind spärlich. Selbstzeugnisse in Gestalt von Tagebucheintragungen fehlen von jetzt an, und an die Eltern, die er täglich sah, brauchte er nicht zu schreiben. Die Berichte von Augenzeugen jener Zeit schildern Lassalle als hübschen, schlanken Burschen «von guter Haltung, üppigem dunkelblondem krausen Haar, hoher Stirn und großen, klugen, blauen Augen»[62]. Andere Zeitgenossen und Studienfreunde sprechen von Lassalles «blasser Gesichtsfarbe» und seinem «feinen griechischen Profil». Hervorgehoben wird ferner die «kecke Selbstgewißheit seines Auftretens» und seine «Kunst des Wortspiels». So etwa muß man sich den Breslauer Studenten Lassalle vorstellen: «Am liebsten schlug der achtzehnjährige Jüngling, der den Hegel bis in die dunkelsten Stellen auswendig kannte, sein wanderndes Katheder im Kiesslingschen Bierkeller auf und hielt, schon früh das Orakel seiner Jugendfreunde, bis tief in die Nacht hinein philosophische Kollegien und Dialoge.»[63]

Das Revolutionsjahr 1848 warf damals schon seine Schatten voraus, auch in die Studentenkneipen und Hörsäle der Provinz-Universität Breslau. Ludwig Feuerbachs Altare und Throne umstürzendes Buch «Über das Wesen des Christentums» wurde von den «linken» Studenten verschlungen und von «rechten» Professoren heftig befehdet. Bei einer Demonstration gegen einen besonders aggressiven Feuerbach-Gegner unter den Professoren ergriff auch Lassalle das Wort und wurde wegen dieses «ungebührlichen Betragens», trotz einer glänzenden Verteidigungsrede – der ersten in einer langen Reihe von Gerichtsreden – zu vierzehn Tagen Karzer verurteilt. Seine erste *ehrenvolle Wunde im Kampf für die Freiheit,* wie er später seine Freiheitsstrafen nannte.

In dem «Journal für moderne Philosophie», einer Zeitschrift der junghegelianischen Avantgarde, von kleinster Auflage und kurzer Lebensdauer, veröffentlichte Lassalle seine ersten philosophischen Aufsätze. Sie sind heute verschollen. Wir wissen nur, daß Lassalle sie selbst für gelungen hielt und seinen Vater bat, sie für ihn aufzuheben.

Man darf sich aber den Breslauer Lassalle dieser Zeit nicht als nur über seine Bücher gebeugten oder mit Kommilitonen über Hegel diskutierenden Asketen vorstellen. Es gab auch damals schon Frauen in seinem Leben. Und schon damals sah er in Frauen – wie in der Breslauer Bürgertochter «Emma» – nicht eigene Wesen, die ihren eigenen Gesetzen folgten, sondern die Fortsetzung seines eigenen Wesens und seiner eigenen Gesetze in einer anderen, ihn ebenso beunruhigenden wie unwiderstehlich anziehenden Gestalt.

Bald nach seiner Übersiedlung nach Berlin und seinem Einzug in eine elegante Wohnung Unter den Linden – der väterliche Wechsel gestattete ihm diesen Luxus – lernte Lassalle die Pianistin Lonni Grodzka kennen. Seine Briefe an sie sind auf denselben, zugleich inbrünstigen und despotischen Ton gestimmt wie die an die Jugendliebe Emma, übertreffen diese aber noch bei weitem an Ungestüm und hemmungsloser Vermischung von Sinnlichkeit und Philosophie: *Das Weib, das stärker ist als ihre Liebe, ihre Liebe meistern und berechnen kann, das ist Fastenspeise, die mag ich nicht. Ein Weib, das sich schrankenlos hingibt ihrer Liebe, das ist der leibhaftige Gott auf Erden . . . Du hast die zwiefache Gemeinheit begangen, die Seele vom Körper, den Körper von der Seele zu reißen. Du hast den unsittlichsten Ehebruch begangen . . . Du hast die heiligste Ehe gebrochen, die Ehe zwischen Körper und Geist. Du gabst Deine Seele mir und hast mir Deinen Körper vorenthalten.*

Und ohne auch nur einen Gedanken an die immerhin recht naheliegende Möglichkeit zu verschwenden, daß Lonnis Weigerung, seine Geliebte zu werden, auch ganz plausible irdische Gründe haben könnte, entschwebt er auf den Schwingen seiner sinnlich-übersinnlichen Argumentation zu den Gipfeln abstraktester Philosophie: *Das Wesen des Menschen ist die Gattung. Dies, sein allgemeines Wesen ist eben allein gemeint, es ist der Punkt, wodurch das Ich identisch ist, eins ist mit dem anderen Ich, das zu seinem Inhalt dasselbe Wesen (die Gattung) hat, dessen Form nur die Individualität ist. Das ist die Einheit des Individuums mit dem Allgemeinen, mit der Gattung.*[64]

Lassalle versucht hier mit dem Hinweis auf die «Wesensgleichheit» von Individuum und Allgemeinem – einem wichtigen Baustein seines philosophischen Systems – ein sprödes Frauenherz zu erobern. Ein Versuch am untauglichen Objekt. Dieser Abälard sah eine Heloise in jedem Weibe. Kein Wunder, daß er scheiterte. Frauenkenner war Lassalle nicht.

Lassalles äußere Lebensumstände waren zu jener Zeit die angenehmsten. Er führte das Leben eines wohlhabenden Bürgersohnes und fragte sich, wie das mit seiner grundsätzlichen Geld-Feindschaft zu vereinigen sei: *Ist mir durch den Zufall des Reichtums der Kampf schon erspart, hab ich genug von Natur aus? Zuerst, wenn ich diesen Gott wahrhaft besiegt haben und frei von ihm sein soll, muß ich . . . unbedingt ihn durch den Prozeß und die Macht des Fürsichseins errungen haben (id est Verdienen Erwerben).*

Gelderwerb war also nicht nur erlaubt, sondern notwendig und richtig, wenn er dazu diente, die Macht des Geldes zu brechen, *diesen glühenden Moloch* zu stürzen, und ihm nachzuwerfen *seine Priester in die verzehrenden Flammen.* Dies vorausgesetzt war *Das Geld . . . dieser Schlüssel der Wirklichkeit: Wenn Du sechs Hengste zahlen kannst, sind ihre Kräfte nicht die Deinen? Jawohl, und es gilt, diesen Schlüssel zu erringen.*[65]

Sehr konsequent hat Lassalle seinen Vorsatz, den ungerechten Mammon mit dessen eigenen Waffen zu bekämpfen, nicht verfolgt. Die Ge-

Lassalle als Student

schäfte, etwa in Form von Börsenspekulationen, spielen zwar auch eine Rolle in seinem Leben, aber niemals eine zentrale. Das zeigt sich auch deutlich in den Briefen an den väterlichen Geschäftspartner, der die Studien und das flotte Berliner Leben des Sohnes so großzügig finanzierte. Offenbar hatte der Vater gehofft, der Sohn habe sich mit dem Beginn des neuen Berliner «Abschnitts» in seinem Leben die revolutionären Flausen der Jugendzeit aus dem Kopf geschlagen. Der Sohn raubt ihm diese Illusion:

Ein Abschnitt aber ist nur das, was tief und eingreifend in das innere Leben des Geistes eindringt und da unauslöschliche Spuren zurückläßt, ein Abschnitt ist eine qualitative Umgestaltung des Geistes selber, eine Phase, ein Stadium in dem Entwicklungsprozeß des Geistes selber. Also bitte, bitte zeige mir den Abschnitt, an dem ich stehe. Ich zähle nur drei Abschnitte in meinem Leben, d. h. drei Phasen, und es gibt keine Phasen mehr für mich, denn ich habe die höchste Phase des gegenwärtigen Geistes erreicht und kann mich nur innerhalb dieser, d. h. nur quantitativ ausbilden. Die drei Phasen aber, die ich durchgemacht, sind die: von meiner Geburt an bis ich nach Leipzig ging, oder kurz vorher, in welchem Abschnitt ich ein dummer Junge war, von meinem Aufenthalt in Leipzig an, wo ich meiner inneren Leere bewußt wurde und von einem unbestimmten, unklaren Sehnen, sie zu erfüllen, ergriffen wurde. Ein dunkler Drang, der mich damals aus meiner Sphäre herausriß, ohne mir doch bestimmten positiven Inhalt zu geben. Das dauerte bis vor 2½ Jahren. Und vor 2½ Jahren häutete ich mich zum dritten Mal. Die Philosophie trat an mich heran, und sie gebar mich wieder und von neuem im Geiste. Diese geistige Wiedergeburt gab mir alles, gab mir Klarheit, Selbstbewußtsein, gab mir zum Inhalt die absoluten Mächte des menschlichen Geistes, die objektiven Substanzen der Sittlichkeit, der Vernunft etc., kurz sie machte mich zu der sich selbst erfassenden Vernunft, d. h. zum selbstbewußten Gott (d. h. zu dem sich als Erscheinungsform und Verwirklichung des Göttlichen begreifenden Geist). Wer aber einmal ein Gott war, wird nie wieder ein dummer Junge!!!

Der Gott, der Lassalle nun war, war ein strenger Gott. Streng zunächst gegen sich selbst: *Ich stehe früh, etwas vor 4 Uhr auf, arbeite bis 9 Uhr Hegel, um 9 gehe ich ins Kolleg, um 10 komme ich zurück, ziehe mich aus, Schlafrock, Pantoffeln und Nachthemde an und arbeite bis abends 10 Uhr ununterbrochen; um 10 lege ich mich schlafen . . . Von 4 früh bis abends 10 sind 18 Stunden, da geht eine für Kolleg und zwei (für) An- und Ausziehen, Essen etc. ab, bleiben noch 15 Stunden, da kann man schon etwas tun; und ich bin mit meinen Arbeiten sehr zufrieden, was viel sagen will, denn ich bin die strengste Behörde gegen mich selbst, strenger als irgend ein anderer selbst sein könnte oder sein dürfte.*

Wer durfte schon in seinen Augen gegen i h n «streng» sein. Gewiß nicht seine Professoren. Über sie schrieb er seinem Vater: *Schelling hat noch nicht angefangen; wenn er lesen wird, will ich der Kuriosität wegen ein paarmal hingehen, natürlich kann ich nichts von seinen Vorlesungen erwarten als Intuition und Mystik. Bei Trendelenburg*[66] *Reflexion, bei Schelling Intuition, bei den Hegelianern Langeweile und Fadaisen, Trivialitäten in der höchsten Potenz, aber nirgends Philosophie. Es ist zum Totschießen. Aber nein, es ist bloß zum Wegbleiben eingerichtet.* So blieb Lassalle denn auch meistens weg und gewann *dank sei's der Langweiligkeit unserer Professoren fast die ganze Zeit für Selbststudium, das einzig Fruchtbare*[67].

Hart war Lassalle aber nicht nur gegen sich selbst, sondern auch gegen seine Freunde, und zwar desto mehr, je näher sie ihm standen. Doch die Freunde, vor allem die treuesten und ergebensten unter ihnen, Felix Oppenheim und Arnold Mendelssohn, wurden selbst dann nicht an ihm irre und betrachteten ihn weiterhin als «ihr Orakel», wenn er ihnen ins Gesicht sagte, daß er sie *schonungslos mißbrauchen* werde: *Soweit ich die Macht habe über das Innere eines Menschen, werde ich sie schonungslos mißbrauchen. Die Kategorie der Innerlichkeit selbst, Lieben, Fühlen, Wissen ist diesen Menschen gegenüber, mit denen mich kein Band zusammenhält . . . zu einem Objekt, totem Dasein geworden, mit dem ich Handel treibe, das ich verwerte.*[68]

Zwei Jahre später erfüllte sich an einem der Freunde, Arnold Mendelssohn, genau dieses Schicksal. Er hatte sich für Lassalle aufgeopfert, ihm zuliebe der Mätresse des Grafen Hatzfeldt, der Baronin Sophie von Meyendorff-Uexküll, eine Kassette geraubt, in der Lassalle für seinen

Berlin, Unter den Linden: die Universität

Prozeß wichtige Dokumente vermutete, und büßte für diese Tat im «Klingelpütz» zu Köln. Von dort schrieb er an die Gräfin Hatzfeld: «Ich habe hier Augenblicke ... wo ich euch alle hasse, die ihr das Menschenantlitz tragt, hasse dies Geschlecht, welches die Ägypter in dem Symbol der Sphinx so tief aufgefaßt und dargestellt haben ... Ja, Ihr tragt alle das menschliche Antlitz, Ihr habt aber Löwenklauen, mit denen ihr euch gegenseitig die Eingeweide aus dem Leibe reißt. Ihr nennt euch Menschen, und weil ihr nicht wißt, was das ist, weil Ihr nicht verständig seid, sondern den Gott oder die Bestie, die in Euch sitzt, frei schalten und walten laßt, weil Ihr Eurer Empfindung folgt, ohne zu bedenken, was Ihr tut, tretet Ihr Euch gegenseitig zu Boden ...»

Dann richtet er das Wort direkt an den Freund, erinnert ihn an das, was gewesen: «Als wir vor einem Jahr bei Tietz in Berlin dinierten, sagte ich Dir: Ich werde mit Dir gehen, wohin es auch sei, ich werde tun, was Du von mir verlangst, weil Deine Einsicht mir eine weitere zu sein scheint als die meine; ich weiß zwar, daß Du mich zum Teufel jagen wirst, wenn Du erreicht hast, was Du willst, weil dies nach meiner Meinung in der menschlichen Natur liegt, ich verspreche mir aber keinen Vorteil von meinem Gehorsam, ich werde aber doch so handeln. Nun, mein Teurer, habe ich Wort gehalten?»[69]

Aber wenn Lassalle davon sprach, daß er seine Macht über andere Menschen *schonungslos mißbrauchen* werde, so dachte er dabei nicht an seinen wirklichen Freund, sondern nur an Menschen, *mit denen mich kein Band zusammenhält*. Von den Freunden erwartete er, daß sie sich für die gleichen Ziele, für die er selbst zu jedem Opfer bereit war, f r e i w i l l i g opferten. Seiner Härte, seiner Schonungslosigkeit gegenüber Freunden soll damit nicht die Schärfe genommen, sie soll nur erklärt und mit seinen Grundüberzeugungen in Einklang gebracht werden. Welche Menschen man mißbrauchen und welche man «opfern» darf, macht ein Satz deutlich, der dem schon zitierten über den *schonungslosen Mißbrauch* unmittelbar voraufgeht: *Die Welt sagt: «Das Fürsichsein ist ein Ding», gut, man nehme diese für sich seienden Subjekte nicht nach der Würde ihrer menschlichen Existenz, deren sie sich durch jenes Urteil selbst begeben, man nehme nach dem Urteil diese Ichs als Dinger und mache von ihnen den Gebrauch der Dingheit, man zehre sie auf achtungs- und schonungslos für sein Fürsichsein, man benutze sie.*[70]

Für Lassalle gibt es also zwei Arten von Ichs, für sich seiende «Ich-Ichs» und für andere, das heißt für das Allgemeine, seiende «Wir-Ichs». Nur die Ich-Ichs durfte man als Objekte, als Dinger gebrauchen und «mißbrauchen», nicht aber das im allgemeinen wurzelnde, mit ihm «identische» Wir-Ich. Die Grenze zwischen Gut und Böse verlief für Lassalle zwischen dem Wir und dem Ich, zwischen dem Allgemeinen und dem Besonderen; insofern war seine Weltanschauung schon sozialistisch, bevor es auch seine Gesellschaftsanschauung wurde. Darum ist der Streit, w a n n er Sozialist wurde, ja ob er es überhaupt jemals wurde, müßig. Auf eine Denunziation eines Kölner Kommunisten, der nach Amerika ausgewandert war und die Marx ihm «Zur Kenntnisnahme» aus London übersandte, erwidert Lassalle:

So sehr es mich anekelt, erfordert es doch m e i n Zweck, daß ich mich kurz auf diesen nichtswürdigen Wisch einlasse. Der Verfasser stellt in demselben die Behauptung auf, daß mein politischer und sozialer Gegensatz zu dem Bestehenden seinen Ursprung in dem korrektionellen Gegensatz habe, in den ich mit dem Staatsprokurator gekommen sei. – Nur ein Dummkopf kann nicht sehen, daß die Sache gerade umgekehrt sich verhält. Schriftliche Dokumente und Aufsätze von mir beweisen, daß ich seit 1840 Revolutionär, seit 1843 entschiedener Sozialist bin ... Wie manchen verdienten Mann magst Du schon (durch Dein Mißtrauen) in Deinen Feind verwandelt haben, der Dein Anhänger geworden wäre ... ich habe immer sehr genau gewußt, was ich von Deinem, Engels, Wolffs[71] *Charakter zu halten hätte, ohne irgend einen Menschen zu fragen, und kannte euch doch nicht genauer als Ihr mich ... Ich weiß nicht, warum ich gerade heut' in so kindischer Laune bin, daß mir solche Dinge wehtun.*[72]

In der Tat schenkte Lassalle dem zehn Jahre älteren Marx nicht nur mehr Vertrauen als dieser ihm, sondern auch mehr Freundschaft. Wirklich reibungslos waren ihre Beziehungen eigentlich nur in den drei Monaten des Revolutionsjahres 1848, in denen Lassalle in Düsseldorf und Marx in Köln auf freiem Fuß waren. Damals war Marx beeindruckt und angetan von dem jungen feurigen Revolutionär und zweifelte auch nicht an seiner sozialistischen Gesinnung. Insgesamt aber stand die Freundschaft der beiden unter einem Unstern. Die Folgen ihrer zum Teil rein persönlichen Konflikte sind bis auf den heutigen Tag spürbar. Übereifrige Marxisten haben geglaubt und glauben noch, diese Streitigkeiten, die im Grunde nicht mehr waren als Schatten auf einer Freundschaft, verewigen zu müssen. Sehr zum Schaden der gemeinsamen Sache und sehr zum Nutzen des gemeinsamen Gegners.

Karl Marx als Chefredakteur der «Neuen Rheinischen Zeitung», 1848

Für Lassalle bedeutete die Begegnung mit Marx die wichtigste «quantitative» Ausbildung der von ihm erreichten «Phase des gegenwärtigen Geistes», und der Kampf für die sozialistische Revolution, den sie 1848 in den Spalten der «Neuen Rheinischen Zeitung» und auf den Straßen von Köln und Düsseldorf gemeinsam führten, wurde zum Fundament einer von Lassalle niemals in Frage gestellten Freundschaft. Wie an dieser Freundschaft so hielt Lassalle auch an dem gemeinsamen Ziel des Kampfes zeitlebens fest, auch wenn ihre Wege zu diesem Ziel sich trennten. Je nach dem, was im Vordergrund stand, das Ziel oder der Weg, die Strategie oder die Taktik, gestaltete sich auch ihre Freundschaft.

Die Anlässe der Verstimmungen und brieflich ausgetragenen Konflikte waren häufig trivialer und niemals zentraler Natur. Marx' ewige Geldsorgen spielten eine Rolle und auch dessen von heimlichem Neid nicht ganz freie Verurteilung der Lassalleschen Dandy- und Lebemann-Allüren. Lassalle, ohne jeden Spürsinn für die psychologische Seite der Sache, begriff einfach nicht, was seine eleganten Kleider, seine teure Wohnung und seine Champagner-Soupers mit seinen Überzeugungen und Prinzipien zu tun haben sollten. Wer ihm zutraute, er könne seinem luxuriösen Lebensstil zuliebe seine Gesinnung oder seine Freunde verraten, dem fehlte eben die wichtigste Voraussetzung und das eigentliche Fundament jeder Freundschaft – das Vertrauen.

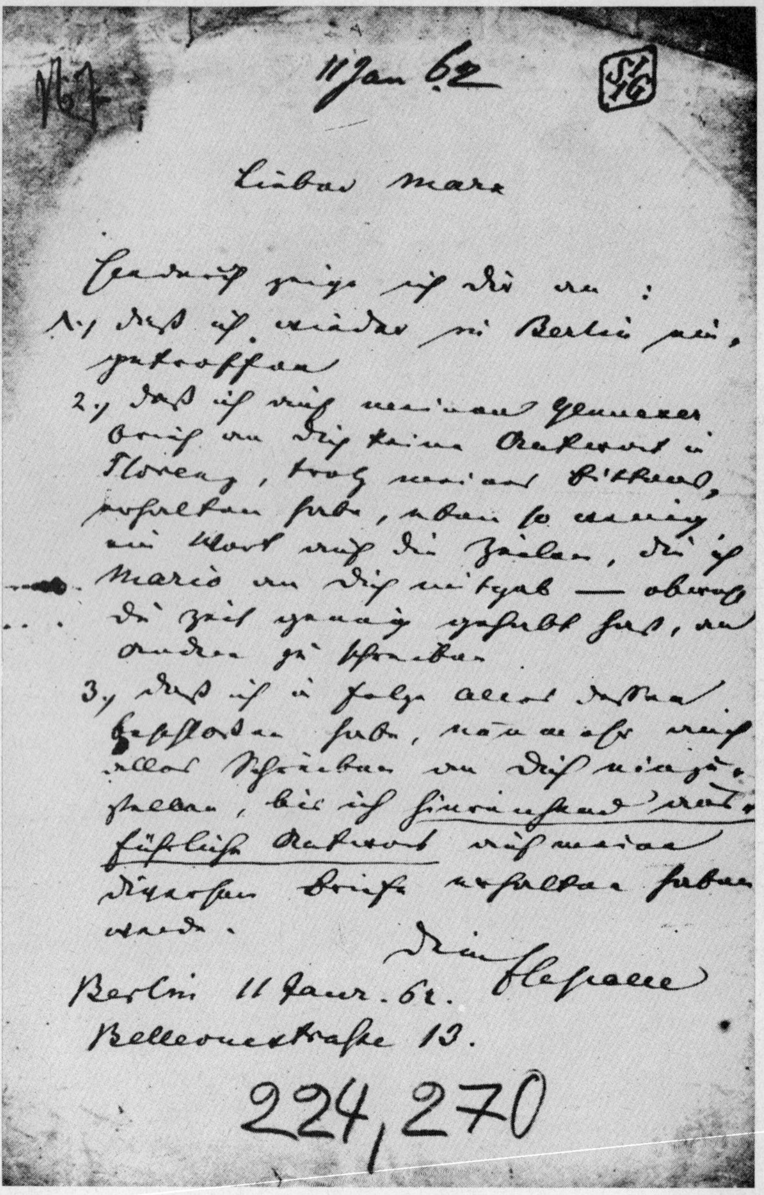

11 Jan 62

Lieber Marx

Hierdurch zeige ich Dir an:

1.) daß ich wieder in Berlin eingetroffen

2.) daß ich auf meinen Genueser Brief an Dich keine Antwort in Florenz, trotz meiner Bitten, erhalten habe, ebenso wenig ein Wort auf die Zeilen, die ich Mario an Dich mitgab — obwohl Dir die Zeit genug gefehlt hat, an andern zu schreiben.

3.) daß ich in Folge alles dessen beschlossen habe, von nun ab mich alles Schreibens an Dich zu enthalten, bis ich hinreichend ausführliche Antwort auf meine diversen Briefe erhalten haben werde.

Dein F. Lassalle

Berlin 11 Janr. 62.
Bellevuestraße 13.

224,270

Brief von Lassalle an Karl Marx. Aus Berlin, 11. Januar 1862

Wann immer Lassalle von Freundschaft sprach, sei es zu männlichen Freunden oder zu seinem weiblichen Freund, der Gräfin Hatzfeldt, sprach er auch von Vertrauen. Vertrauen verlieh der Freundschaft die Weihe des Allgemeinen, Mißtrauen dagegen den Makel des Besonderen. Dem besonderen Bewußtsein mochte es von Bedeutung erscheinen, wer von zwei Gleichgesinnten ein Werk des allgemeinen Geistes überhaupt oder als erster vollbrachte. Im Bereich des Allgemeinen dagegen gab es nur Solidarität und keine Rivalität. Vertrauen als eine Manifestation des allgemeinen Bewußtseins schloß nicht nur jeden Mißbrauch einer Freundschaft aus, sondern auch jeglichen Neid. So konnte Lassalle dem Freund Marx in aller Vertrauensseligkeit – und aller Blindheit für dessen psychologische Situation – schreiben: *Ich bin um so begieriger es* (das Manuskript der «Kritik der politischen Ökonomie») *zu lesen, als ich seit Jahren mit einem nationalökonomischen Werk schwanger gehe und eben damit niederzukommen im Begriff bin. Aber ich unterlasse diese ganze Niederkunft, wenn Marx, was ich fast vermuten muß, mir die Hauptdinge vorweggenommen hat, die ich sagen will ... Wird, was zu sagen ist, von einem anderen gesagt, so brauche ich es nicht zu tun. Und ich kenne niemand, von dem ich mich lieber überflüssig machen ließe, als von Marx.*[73]

Lassalle wollte damit sagen, wie sehr er Marx vertraute, aber Marx hörte daraus vor allem, wieviel Lassalle sich zutraute, und das ging seiner Meinung nach ganz entschieden zu weit. Er nahm die Dienste Lassalles gern in Anspruch, und es gelang diesem auch, einen Verleger für die «Kritik» zu finden, aber sein Ärger über Lassalles «Anmaßung» war stärker als seine Dankbarkeit, und von Freundschaft ist in seinen Briefen an Engels (der Lassalle nie ausstehen konnte) nichts zu spüren: «... vielleicht kann er [Lassalle] uns nützlich sein zum Auftreiben von Buchhändlern, wenn er nicht etwa fürchtet, der Ruhm, den er auf ökonomischem Felde sucht, möchte durch die Konkurrenz leiden.»[74]

So viel sich Lassalle auch zutraute – auf allen Gebieten der Wissenschaft, einschließlich der ökonomischen –, so fern lagen ihm doch solche Befürchtungen; gerade weil er eine so hohe Meinung von seinen eigenen Fähigkeiten hatte, gönnte er auch anderen den Lohn ihrer Verdienste, und besonders gönnte er ihn dem Mann, als dessen Schüler er sich zeitlebens betrachtete. Dessen Ruhm war auch der seine. In seinem ökonomischen Hauptwerk, dem *Herrn Bastiat-Schulze von Delitzsch*, verweist er ausdrücklich auf Marx und dessen «Kritik der politischen Ökonomie»: *Und sehen Sie, Herr Schulze, was ich Ihnen hier zuletzt entwickelt habe, über das Geld wie über die gesellschaftliche Bedeutung der Arbeitszeit als Maßeinheit des Wertes, – das ist alles seiner geistigen Grundlage nach vollständig entnommen und nur der gedrängte Gedankenextrakt aus einer äußerst bedeutenden und meisterhaften Schrift ... aus einer Schrift, die schon 1859 ... erschienen ist ... aus der vortrefflichen und epochemachenden Schrift von Karl Marx nämlich: «Zur Kritik der politischen Oekonomie».*[75]

Als Lassalle die Arbeiterbewegung in Deutschland organisierte und alle Blicke auf sich zog, fürchteten die Freunde in London, er könnte eines Tages die Führung auch im internationalen Klassenkampf an sich

Karl Varnhagen von Ense

reißen und sie selbst ins zweite Glied verweisen; so schreibt Engels am 20. Mai 1863 an Marx: «Lassalschen Geschichten und der Skandal, den sie in Deutschland erregen, fangen doch an unangenehm zu werden. Es ist die höchste Zeit, daß Du Dein Buch fertig machst, und wenn auch nur, damit wir wieder Breittreter anderer Art bekommen. Im übrigen ist es gut, daß auf diese Weise wieder ein Boden für antibürgerliche Sachen gewonnen wird, nur ist es fatal, daß dieser Itzig sich dabei die Position macht.»

Und am 22. Juli 1863 antwortet Marx: «Sobald Ruhe hergestellt ist, gebe ich mich an die Reinschrift ... denn schon der Itzig zwingt uns diesmal, unser Licht nicht unter den Buschel zu stellen.»

Doch zu einem unwiderruflichen Bruch will Marx es trotz allem nicht kommen lassen. Nach einem besonders gehässigen Brief an Lassalle – in einer Geldsache – bittet er diesen, gewunden, aber doch unmißverständlich, um Verzeihung: «Du bist jedenfalls im Unrecht in der Art, wie Du meinen Brief interpretierst; ich bin im Unrecht, weil ich ihn schrieb ... sollen wir uns deshalb positiv entzweien? Ich denke, das Substanzielle in unserer Freundschaft ist stark genug, um auch diesen Schock ertragen zu können.»[76]

Für Lassalle war das Substantielle in der Tat stark genug. Er sah niemals in Marx einen «unsicheren Freund», geschweige denn einen künftigen «sicheren Feind».

Nicht zu vergleichen mit seinem Verhältnis zu Marx, weil nicht vom Geist des «Allgemeinen» bestimmt, waren Lassalles Beziehungen zu Heinrich Heine. Äußerlich gab es gewisse Parallelen: Auf die Begeisterung der ersten Bekanntschaft, auf eine Freundschaft auf den ersten

Blick, folgte die Enttäuschung und schließlich die völlige Entfremdung. Nur ging alles viel gewaltsamer zu und viel extremer. Nie äußerte sich Marx so überschwenglich über Lassalle wie Heine nach der ersten Begegnung mit dem «Gladiator», und nie schrieb er später an ihn oder über ihn so bitterböse Briefe. Nichts «Substantielles» bewahrte die Freundschaft zwischen dem Revolutionär und dem Poeten vor dem Absinken in eiskalten Haß. Vorauszusehen war das nicht, nach dem ersten Eindruck Heines von Lassalle und dem Brief, den er über ihn an Karl August Varnhagen von Ense schrieb:

«Mein Freund, Herr Lassalle, ist ein junger Mann von den ausgezeichnetsten Geistesgaben: mit der gründlichsten Gelehrsamkeit, mit dem weitesten Wissen und dem größten Scharfsinn, der mir je vorgekommen, mit der reichsten Begabung der Darstellung verbindet er eine Energie des Willens und eine Habilité im Handeln, die mich in Erstaunen setzen, und wenn seine Sympathie für mich nicht erlischt, so erwarte ich von ihm den tätigsten Vorschub. Jedenfalls war diese Vereinigung von Wissen und Können, von Talent und Charakter für mich eine freudige Erscheinung ... Herr Lassalle ist nun einmal ein so ausgeprägter Sohn seiner Zeit, die nichts von jener Entsagung und Bescheidenheit wissen will, womit wir uns mehr oder weniger heuchlerisch in unserer Zeit hindurchgelungert und hindurchgefaselt. Dieses neue Geschlecht will genießen und sich geltend machen im Sichtbaren; wir, die Alten, beugten uns demütig vor dem Unsichtbaren, haschten nach Schattenküssen und blauen Blumengerüchen, entsagten und flennten, und waren doch vielleicht glücklicher als jene harten Gladiatoren, die so stolz dem Kampftode entgegengehen.»[77]

An Lassalle selbst schreibt kurz darauf Heine: «Noch nie hat jemand so viel für mich getan. Auch habe ich bei niemand so viel Passion und Verstandesklarheit vereinigt im Handeln gefunden ... Wohl haben Sie das Recht, frech zu sein – wir anderen usurpieren bloß dieses göttliche Recht, dieses himmlische Privilegium ... in Vergleichung mit Ihnen bin ich doch nur eine bescheidene Fliege.»[78]

Aus Freundschaftsbekundungen solch überschwenglicher Tonart wurden über Nacht die heftigsten und bittersten Anklagen, als Lassalle die Freundschaft Heines mit einem Verlangen belastete, das dem damals schon müden und kranken Dichter nicht nur seine Seelenruhe, sondern auch seine Pension kosten konnte. Nachdem Lassalle für Heine wirklich «viel getan», das heißt ihm auf mühsamen und nicht immer schnurgeraden Wegen zu einer Rente aus einer Erbschaft in Hamburg verholfen hatte, forderte Lassalle einen Gegendienst. Heine sollte seine berühmte, scharfe und spitze Feder in den Dienst jenes anderen «Erbfolgekriegs» stellen, den Lassalle als Generalbevollmächtigter der Gräfin Sophie von Hatzfeldt gegen deren Ehemann führte. Aber das Unglück wollte es, daß eine (von vielen) Geliebte des Grafen Edmund von Hatzfeldt, Baronin von Meyendorff-Uexküll, Schlüsselfigur in der «Kassettendiebstahls»-Affäre, die beste Freundin der Freundin von Heines Pariser Mäzen Monsieur Guizot war. Dieses Eisen war Heine zu heiß, und Lassalle beklagte sich bitter: *... aber der vornehme Heine würde* sich *nicht ... offiziell bei den Pariser Redaktionen bemü-*

Heinrich Heine

hen. Und warum? Unter andrem könnte es ja die Gräfin Merlin erfahren, die eine Freundin der Meyendorff, und diese und jene usw., und viele persönliche Verbindungen könnten schief dazu sehen ... Sie haben mir Pflicht, Liebe und Treue gebrochen. Wenn Sie es bei diesem dreifachen Treubruch bewenden lassen wollen, so werden Sie einen sicheren Profit machen. Sie werden der Unbequemlichkeit meiner Forderung für immer ausgewichen sein ... Es hat ein jeder das unbestrittene Recht der Gesinnungslosigkeit, ein teures Beiwerk der Freiheit, das ich Ihnen nicht verkümmern will.[79]

Lassalle selbst sagt von diesem Brief: *Er war das ärgste an kalter Malice, was ich je geschrieben habe.* [80]

Heines Antwort ist heißer Zorn, in dem aber immer noch etwas von der alten Bewunderung mitschwingt: «Lassalle ist einer der furchtbarsten Bösewichter, der alles fähig ist, Mord, Fälschung und Diebstahl und eine an Irrsinn grenzende Willenszähigkeit.»[81]

In einem Brief an Lassalles Vater weicht der Zorn, durch den sich Heine zu so unsinnigen Anklagen hinreißen ließ, der Klage: «Mein armer Ferdinand Lassalle! Das Herz zerreißt mir's, wenn ich an ihn denke, wenn ich sehe, wie so viel glückliche Naturgaben der dämonischen Selbstzerstörung anheimfallen; er hat sich schreckliche Härten gegen mich zuschulden kommen lassen, weil ich mich in sein dunkeles Treiben nicht hineinziehen ließ und seiner Leidenschaft mit kalten Vernunftsgründen begegnete.»[82]

Die Wunden, die sich beide «Freunde» in gegenseitiger «Malice» zufügten, heilten nie wieder; sie vernarbten nur äußerlich im Laufe der Jahre. Es war sicherlich nicht leicht, Lassalles Freund zu sein, aber es war auch nicht leicht, Lassalle zu sein.

Man kann über Lassalles Freunde und Freundschaften nicht schreiben, ohne an die Gräfin Hatzfeldt zu denken. Er sagte: *Die Gräfin ist nicht meine Freundin, sondern mein bester Freund* [83], und hielt dies für das größte Kompliment, das ein Mann einer Frau machen kann. Aber selbst sie war, wie er an Marx schrieb, *... als Weib nicht imstande, in alle Mysterien des Männergedankens mit ganz erschöpfendem Verständnis zu folgen* [84]. Diesem Männergedanken Lassalles hat Sophie von Hatzfeldt nie widersprochen. Die Existenz solcher dem «Weibe» unzugänglichen Männer-Mysterien hat sie weder zugegeben noch bestritten. Sie ließ die Frage offen. Dagegen versuchte sie hin und wieder, den Freund in einige Mysterien des Frauengedankens einzuführen. Zu seinem und auch zu ihrem Unglück mit geringem, ja in Wahrheit ohne jeden Erfolg.

Lassalle bewunderte – und liebte – Sophies Charakter, ihre Klugheit, ihren Stolz, ihre Treue, ihren Mut. Es gab nichts an ihr, was er nicht bewunderte und nicht liebte, mit Ausnahme – der Frau. Es ist möglich, ja auch wahrscheinlich, daß Ferdinand und Sophie in der ersten Zeit ihrer Bekanntschaft auch «Freund und Freundin» waren. Eine große leidenschaftliche Liebe von Mann zu Frau und von Frau zu Mann war es sicher nicht. Dabei spielte der Unterschied des Alters – so groß er war (fast 20 Jahre) – wohl kaum die ausschlaggebende Rolle, trug aber sicher dazu bei, dem Verhältnis der beiden im Laufe der Jahre einen Mutter-Sohn-Charakter zu geben. Sophie nannte Ferdinand zwar «mein Kind», machte aber nie den Fehler, ihn zu «bemuttern». Die leibliche Mutter spielte in Lassalles Leben nie eine entscheidende Rolle. Aber gerade weil sie diese Rolle nicht spielte, war die Bindung an seine «Wahlmutter» um so stärker.

Aber Sophie war nicht nur Wahlmutter, sie war auch die aus der Gewalt von Ungeheuern zu erlösende Unschuld. Sie war der ideale Bezugspunkt für Lassalles «Rettungsphantasien». Dazu kam: Auch für sie, wie für Lassalle, war Freundschaft *Identität des innersten Wesens* zweier Menschen.[85] Das alles verband sie mit großer weiblicher Wärme. Ihre Klugheit war, da sie auch mit dem Herzen dachte, weniger scharf und weniger kantig als die des «Wahlsohnes». Aber Sophie war keineswegs Lassalles Echo. Sie wurde ganz gewiß nicht Sozialistin und Anhängerin der Revolution «ihm zuliebe». Sie hatte ihre eigene Revolution, die gegen ihren Mann, gegen ihre Familie und gegen die Ehe, schon hinter sich, als sie Lassalle begegnete, und mußte sich nicht erst von ihm bekehren lassen. Wenn hier eine Bekehrung stattfand, dann war sie gegenseitig.

Es ist schwer, die Freundschaft der beiden ganz zu verstehen; dazu ist sie zu vielseitig und zu einzigartig, und es ist nicht möglich, sie mit gewöhnlichen Maßstäben zu messen. Man kann die Philosophie ebensowenig ausklammern wie die Emanzipation, die Politik ebensowenig wie die Erotik. Aber während die im Grunde recht banale «letzte Liebe

Sophie Gräfin von Hatzfeldt. Fotografie, um 1860

Lassalles», derentwegen er im Duell einen vorzeitigen Tod fand, immer wieder die Dichter zu mehr oder weniger gelungenen Werken inspiriert hat, harrt die Geschichte der Freundschaft von Sophie und Ferdinand noch ihrer angemessenen Gestaltung.

Diese im Feuer der politischen Revolution und der privaten Rebellion zwischen der einundvierzigjährigen Gräfin und dem einundzwanzigjährigen jüdischen Studenten der Philosophie geschmiedete Freundschaft mußte viele Stürme und viele Festigkeitsproben bestehen, äußere und innere. Wenn sie dennoch nicht zerbrach, sondern bis zum Tod Lassalles und sogar über diesen Tod hinaus bestand, dann lag das an dem Zaubermittel des schrankenlosen Vertrauens. Das wußten beide.

Nach einem gerade überstandenen «inneren» Sturm schrieb Sophie an Lassalle: «Darin haben Sie recht, liebes Kind, wir beide verstehen uns trotz aller vorübergehenden Mißverständnisse, und wären sie noch so heftig; wie wir beide niemals wieder jemand finden werden, der uns versteht. Wenn Sie mich auch manchmal noch so sehr gequält haben, daß ich ganz irre an mir, an Ihnen, an allem bin, so bedarf es ohne alle

Explikation und Nachdenken nur der kurzen Zeit, um meine kranken Nerven zu beruhigen ... damit ich fühle, daß Sie trotz Ihrer manchmal recht scharfen Ecken und Kanten sozusagen ein Teil meiner selbst geworden sind, das ich nicht mehr missen könnte.»[86]

Und Lassalle schrieb an Sophie: *Sie wissen auch selbst sehr genau, daß nie ein Mensch so viel Einfluß auf mich gehabt hat und je haben wird als Sie, ja, daß Sie mir ein reines Lebensbedürfnis sind. Kurios nur, wirklich kurios, daß wir uns bei alledem so oft schlecht vertragen.*[87]

An ihrem 50. Geburtstag schrieb Sophie dem Freund: «Heute an meinem Geburtstag, den ich recht einsam begehe ... habe ich mir eine Locke ganz weißer Haare abgeschnitten und habe überall gesucht nach einem Medaillon, um sie hineinzutun und Ihnen mitzubringen, damit Sie dadurch immer daran erinnert werden, wie alt ich bin, wieviel ich gelitten und daß man Mitleid und Rücksicht mit mir haben muß.»[88]

Mitleid, Rücksicht, die Locke, das Medaillon – es war wie eine Bitte an den Freund, einmal herabzusteigen von dem Sockel seiner Männergedanken und einen Blick zu werfen in die Frauenwelt. Sophie von Hatzfeldt wußte, daß Erfolge bei Frauen – die hatte Lassalle genug – einen Mann noch nicht zum Frauenkenner machen, eher zum Gegenteil. Und seine ehrlich gemeinte und auch zutreffende Versicherung, daß keine Liebschaft seiner Freundschaft für sie «gefährlich werden könnte», nahm ihr nicht die Sorge, daß seine Unkenntnis der Frauengedanken ihn eines Tages ins Unglück stürzen würde. «Bei all Ihrem großen Verstand sind Sie doch recht unverständig und ein wahres Kind», schrieb sie ihm nach zehnjähriger Bekanntschaft.[89]

Auf «unerschütterliches Vertrauen» gegründete Freundschaft stellte sie «viel höher wie die Liebe», und niemals kam es ihr in den Sinn, Vertrauensbeweise in Gestalt von «Gehorsam» zu fordern. Lassalle aber verlangte von ihr *pünktlichen und blinden Gehorsam, sonst ist es mit unserer Freundschaft entschieden aus.* Und im gleichen Ton, den sich Sophie von niemand anderem hätte gefallen lassen, fuhr er fort: *Ich mag keine Leute, auf die ich mich nicht verlassen kann.*[90]

Lassalle war niemals eifersüchtig auf einen der Verehrer der Gräfin. Er gewährte ihr in dieser Hinsicht die gleiche uneingeschränkte Freiheit, die er sich selber nahm. Um so eifersüchtiger war er auf Sophies Sohn Paul: *Es wurde mir endlich zu toll mit dem ewigen Paul, den ich immer und immer mir entgegengestellt hören mußte ... Darum habe ich mit Ihnen gebrochen und halte diesen Bruch aufrecht ...* nur *wenn Sie mir schriftlich auf einem besonderen Bogen die Erklärung schicken: «Daß Sie von nun ab auf Paul und seine Familie überhaupt nur so viel Rücksicht nehmen wollten, wie ich selbst billigen und für gut finden würde.»*[91]

Der Wahlsohn war eifersüchtig auf den leiblichen Sohn, wie auch die Wahlmutter ihre Abneigung gegen die leibliche Mutter nur aus Höflichkeit und guter Erziehung zu Lassalles Lebzeiten unterdrückte. Nach dessen Tod ließ sie ihrer Antipathie gegen die «Rivalin» um so freieren Lauf. Es war, als habe sie, als der Freund, den es zu zügeln galt, nicht mehr lebte, die Herrschaft über sich selbst verloren.

Solange er lebte, sah sie ihm, «dem Kinde», die despotischen Allüren nach, doch ohne sich ihnen jemals zu unterwerfen. Ihre weibliche Klugheit sagte ihr, daß man sich in der Welt der Gefühle, auf das oder den, der keinen Widerstand leistet, auch nicht stützen, auch nicht verlassen kann. Ihr war es kein Geheimnis, daß Zuneigung nur dort gedeihen kann, wo sie nicht befohlen, ja eigentlich nicht einmal erwartet wird. Nur dann hat sie die Kraft der Spontaneität und ist allen Belastungsproben gewachsen. Lassalle war in dieser Beziehung blind und verwechselte Zunicken mit Zuneigung. Er war entzückt, in Helene von Dönniges eine Frau zu finden, die *ganz in meinem Willen aufgeht.* In einem lichten Augenblick kamen allerdings auch ihm Bedenken: *Ihr einziger – aber riesengroßer Fehler ist: Sie hat keinen Willen! Auch nicht die Spur davon! ... Heute freilich ist sie fest entschlossen. Aber wie lange hält dies bei einem willenlosen Wesen Secoussen* gegenüber stand?* [92]

Lassalle erkannte also die Gefahr, aber er zog aus dieser Erkenntnis nicht den so naheliegenden Schluß, daß eine Frau, die sich seinem Willen vorbehaltlos unterwarf, auch nicht die Kraft aufbringen würde, sich dem Willen seiner Feinde zu widersetzen, daß ein Frauenherz, das dem sprichwörtlichen Rohr im Winde gleicht, auch dann schwankt, wenn der Wind aus einer anderen Richtung bläst. Indem er sein Schicksal, sein Lebensglück und seinen Mannesstolz diesem Rohr anvertraute, sprach er sich selbst das Todesurteil.

Der schlechte Frauenkenner Lassalle war ein leidenschaftlicher Frauenrechtler. Als Feind jeder Form von «Leibeigenschaft» verkündete er, seiner Zeit weit vorauseilend, das Recht jeder Frau, frei über ihre Gefühle und über ihren Körper zu verfügen. Und eine revolutionäre Veränderung der Stellung der Frau in der Gesellschaft hielt er für ebenso gerechtfertigt und unvermeidlich wie die Befreiung der Arbeiter aus ihrer wirtschaftlichen Abhängigkeit:

So gewiß wie wir eine soziale Revolution zu machen haben in bezug auf die ökonomischen Verhältnisse, ebenso gewiß und notwendig haben wir eine soziale Revolution zu machen in bezug auf Liebe, Geschlechterleben und Sitte. Der Zug der neuen Zeit ist, daß sich die Persönlichkeit zur unbedingtesten freien Verwirklichung bringen will. Wie kann aber die Persönlichkeit wahrhaft frei sein ... wenn nicht einmal ihr eigenstes und unmittelbarstes – ihre Gefühle und ihr Leib – Gegenstände ihrer Freiheit ... sind.

... Durch die Entwicklung der Liebesidee wird natürlich am meisten das Weib affiziert, gedrückt oder gehoben, da sie nur in dieser, der Mann in noch vielen anderen Sphären lebt ... Die deutschen Weiber kamen damals – und zum Teil noch heute – schon als Hausfrauen auf die Welt. [93]

So revolutionär Lassalles frauenbefreiende Gedanken auch waren, vor allem gemessen an der damaligen Rolle der Frau im Hause und in der Gesellschaft, so waren es doch auch wieder typische «Männergedanken»: Während der Mann seine Tätigkeit in vielen Sphären entfalten konnte, lebte die Frau nur in der Sphäre, in der Idee, der Liebe! Im Reich dieser Idee allerdings sollte es für sie keine Schranken geben, insbesondere

---

* Erschütterungen

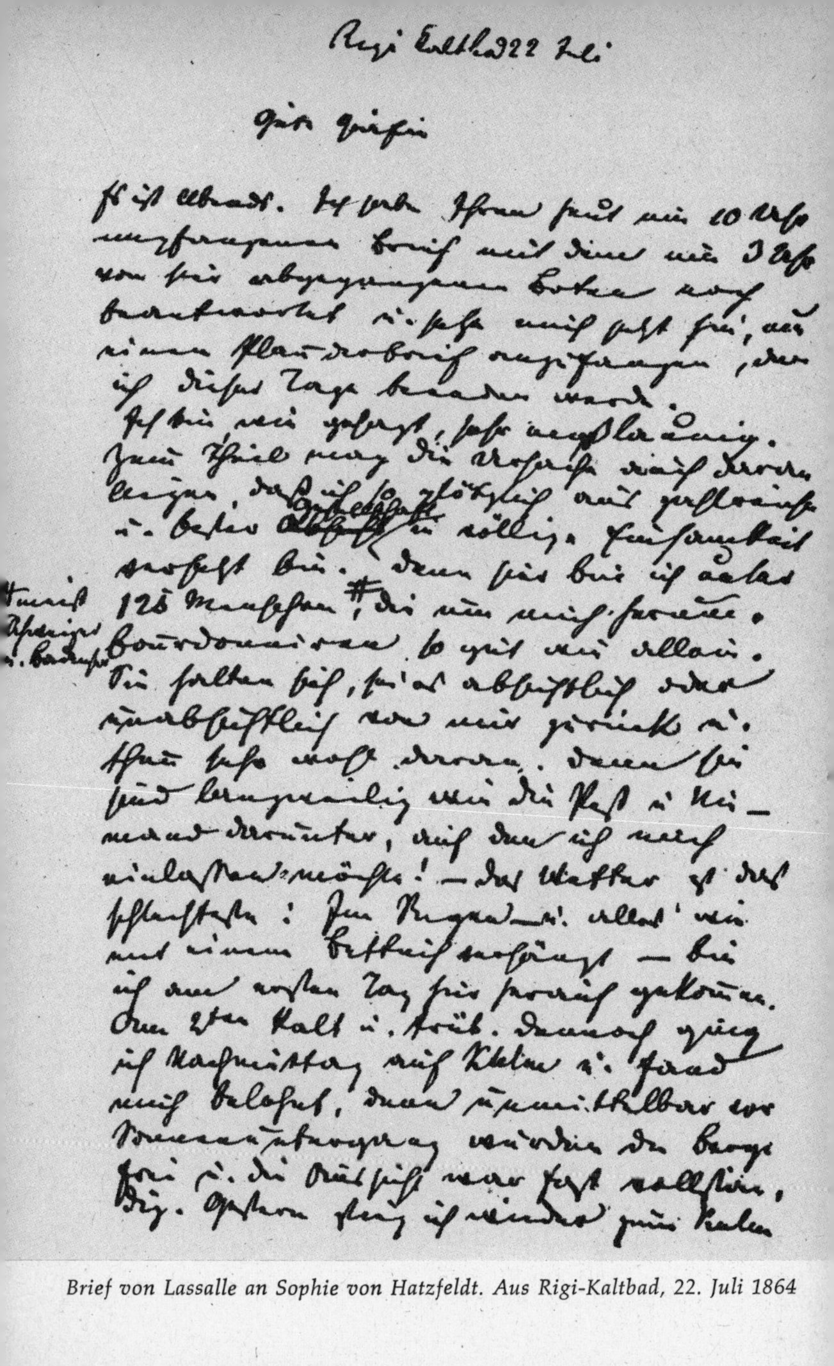

Rigi Kaltbad 22 Juli

Brief von Lassalle an Sophie von Hatzfeldt. Aus Rigi-Kaltbad, 22. Juli 1864 nicht die Schranke des Ehekontrakts. Lassalles leidenschaftlichen Bekenntnisse zum Recht der freien Liebe münden nicht selten in Plädoyers für den Ehebruch:

Ist nicht der Ehebruch, wo er aus wahrer und freier innerer Neigung resultiert, die größte, ja die einzige Tat des Weibes? ... Ist nicht das Weib, das den Pachtkontrakt der Ehe auf ihre unsterbliche Seele, auf ihren damit zum seelenlosen Ding entweihten Leib anerkennt, eine kläglich verkümmerte Erscheinung, ein Haufen Fleisch ohne menschlichen Wert?

Pocht nicht an alle Rippen der Zeit der ungestüme Drang, die Liebe und ihre unendliche Genußberechtigung zu befreien von den Martyrpflöcken, an die sie der hektische Geist christlicher Moral bisher genagelt?

Als Lassalle dies schrieb, hatte er das Bild der Gräfin Hatzfeldt vor Augen und das Martyrium ihrer Ehe mit einem Grobian und Wüstling. Ihre Person und ihr Schicksal waren für ihn zugleich ein Programm, ein Programm der Emanzipation: *... nicht jeder ist groß genug, für die Substanz seines Denkens und Fühlens den Bruch mit der bequem gepolsterten Wirklichkeit zu vertragen. Aber wie unendlich höher steht nicht ein Weib, welches sittlich und rein genug ist, ihre Überzeugung, das Dogma von der freien Liebe zu proklamieren und selbst das Kreuz des Leidens auf sich zu nehmen.*[94]

Wie zwischen freiem Willen und zügelloser Willkür, so zog Lassalle aber auch eine scharfe Grenze zwischen freier Liebe und «tollem Gelüste», zwischen der «unendlichen Genußberechtigung» der sinnlichen Liebe und «abstrakter Sinnlichkeit»: *Ich bin nicht das losgebundene Tier der Willkür, das sein tolles Gelüst verwirklicht. Denn das ist der Unterschied: die Willkür ist das den objektiven Wesenheiten der Menschenbrust, den absoluten geistigen Mächten, dem objektiven Begriff Negative, der Wille ist deren Position, ihre Bejahung. Diese absoluten Wesenheiten des Geistes sind Vernunft, Freiheit, Liebe usw. Eine ekele, jedenfalls befleckte Erscheinung ist ferner ein Weib, mit welchem das Fieber abstrakter Sinnlichkeit fortrast gleich dem wildgewordenen ungezügelten Roß, ein Weib, das statt Liebe einen nur seel- und geistlosen Körperkontakt sucht.*[95]

Lassalle sah die Extreme und harten Gegensätze, aber er übersah die Normalfälle und weichen Übergänge. Er zog Grenzen, wo Wegweiser und Warnschilder sinnvoller und menschenfreundlicher gewesen wären. Seine glasklare, heroische Begriffswelt war kein bequemer Aufenthaltsort. Das Auge fest auf die Prinzipien gerichtet, merkte Lassalle nicht, wie anstrengend er sein konnte für Freunde und für Frauen. Und dennoch ist Lassalle «von vielen Frauen geliebt worden ... Er war im Verhältnis zu Frauen, wie es scheint, eroberungslustig, unbeständig, nur für einen Augenblick hingerissen und begieriger nach den Triumphen der Eitelkeit als empfänglich für die Eindrücke des Herzens. Das früheste und tiefste Gefühl hat er für die Gräfin Hatzfeldt gehabt ... Späterhin gab es für ihn wohl Liebesverhältnisse, aber geliebt hat er kaum, und er ist geliebt worden, wie man derartige nach außen gekehrte, herrschsüchtige Männer zu lieben pflegt. Die Frauen, welche sich ihm anschlossen, waren oft die glänzendsten ihres Kreises, zumeist die verstandesbegabtesten, selten solche, deren Wert nicht beim ersten Blick in die Augen fiel. Wer kennt nicht jenen eigenartigen Frauenring, den man stets bei dem Genie antrifft, diese kleine, einzig zusammengesetzte Welt für sich.»[96]

DEMOKRATEN UND SOLDATEN

«Gegen Demokraten helfen nur Soldaten.»
Wilhelm von Merckel, 1848

Im März 1848 hatte der König von Preußen nach blutigen Barrikadenkämpfen in Berlin vor den Demokraten kapituliert und seine Soldaten nach Hause geschickt. Vom Balkon des Königlichen Schlosses grüßte er entblößten Hauptes die 187 im Barrikadenkampf gefallenen Bürger. Die Bürgerwehr übernahm die Macht in Berlin und den Schutz des Königs. Eine Konstituierende Nationalversammlung, auf Grund allgemeiner freier Wahlen gebildet, sollte Preußen eine demokratische Verfassung geben.

Im April 1848 waren Marx und Engels aus ihrem belgischen Exil nach Köln übergesiedelt.

Im Mai 1848 war die Deutsche Nationalversammlung in der Paulskirche zu Frankfurt zusammengetreten, um über eine Verfassung für ganz Deutschland zu beraten.

Im Juni 1848 erklärte der König von Preußen in Widerspruch zu seinen feierlichen Versprechungen vom März, die Beschlüsse der preußischen Nationalversammlung bedürften der Zustimmung der Krone. Das Blatt begann sich zu wenden – gegen die Demokraten. Im Lager der Liberalen fanden mehr und mehr Stimmen Gehör, die vor einer Fortsetzung der Revolution im Bunde mit den radikalen Demokraten und Arbeitern warnten.

Lassalle hatte, seit Beendigung seines Studiums in Berlin, ein philosophisches Werk über Heraklit begonnen und abgebrochen. Er hatte die Gräfin Sophie von Hatzfeldt kennengelernt und ihr versprochen, ihr in ihrem Rechtsstreit gegen ihren despotischen und brutalen Ehemann beizustehen. Er war zweimal in Paris gewesen, hatte dort seinen Namen aus «Lassal» in Lassalle geändert und war von Heinrich Heine bewundert, geliebt und enttäuscht worden.

Als sich das große historische Gewitter nach den ersten Blitzen der Pariser Februar-Revolution über Deutschland entlud und die Weltgeschichte nach Lassalle Ausschau hielt, fand sie ihn – im Gefängnis.

Am 11. Februar 1848 war Lassalles Freund Arnold Mendelssohn wegen Beihilfe zum Diebstahl der Kassette der Baronin Meyendorff zu fünf Jahren Zuchthaus verurteilt worden. Neun Tage danach wurde Lassalle als «moralischer und intellektueller Urheber» des Diebstahls in seiner Potsdamer Wohnung verhaftet und als Untersuchungshäftling nach Köln übergeführt. Lassalle begann seine Rolle im Prozeß der Ge-

Gefallene des 18. März 1848 werden hinter der schwarz-rot-goldenen Fahne zu Grabe getragen. König Friedrich Wilhelm IV. grüßt die Toten vom Balkon des Schlosses aus

Einzug des «Vorparlaments» in die Frankfurter Paulskirche am 30. März 1848

Lassalle im Jahre 1848. Zeitgenössischer Holzstich

schichte als Angeklagter in einem Kriminalprozeß.

Erst am 11. August 1848 erkämpfte er sich mit seiner *Kassettenrede*, die seinen Ruhm als Meister der Redekunst im allgemeinen und der Kunst der Gerichtsrede im besonderen begründete, seinen Freispruch und die Freiheit. Drei Monate lang, von August bis November, war Lassalle ein später, aber darum um so leidenschaftlicherer 1848er Revolutionär. Im November schlossen sich die Gefängnistore hinter ihm von neuem, aber diesmal nicht hinter einem «kriminellen», sondern hinter einem «politischen» Häftling.

Ohne zu zögern, stürzte sich Lassalle in den Kampf. Die im März in Berlin für Preußen erkämpfte Freiheit galt es zu retten. War sie noch zu retten? – Die deutschen Bürgerherzen mochten noch so heftig für Freiheit und Einheit schlagen und noch so erfüllt sein von Ingrimm über Fürstenwillkür und Adelshochmut: die Furcht vor einer Revolution des «Volkes gegen die Bürger» gewann zunehmend an Boden. Und diese Furcht war letztlich stärker als die vor einer Restauration der Fürstenherrschaft. Diese Stimmung unter den Bürgern machte den Fürsten neuen Mut – und die Soldaten warteten nur darauf, daß man sie gegen die Demokraten zu Hilfe rief. Sie brauchten nicht lange zu warten.

Lassalle hätte in diesem Zusammenhang nicht von «Bürgern» gesprochen, sondern von «Bourgeois» oder von «der Bourgeoisie». «Bürger» war ein Ehrenname, als Bürger betrachtete er sich selbst und seine neu gewonnenen Freunde von der «Neuen Rheinischen Zeitung», dem «Organ der Demokratie». Karl Marx, Georg Weerth, Ferdinand Wolff, Wilhelm Wolff, Ernst Dronke, Friedrich Engels, Ferdinand Freiligrath, Heinrich Bürgers: Sie alle waren «Bürger» und – Demokraten!

«Demokrat» war damals sowohl das Kennwort der sozialen Revolutionäre und Republikaner wie auch der Inbegriff all dessen, was die bestehende Ordnung, die feudale wie die «bourgeoise», in Frage stellte und bedrohte. In den Augen der Hüter von Gesetz und Ordnung, Privileg und Tradition war ein Demokrat ein Umstürzler, ein Revolutionär, ein Mensch, dem nichts auf Erden heilig war. Andererseits hatte der demokratische, revolutionäre Geist damals alle Schichten des Volkes ergriffen «von den letzten Proletariern bis zu den Spitzen der geistigen Bildung, ja selbst Teile des Beamtentums und der herrschenden Klassen»[97]. Das Gespenst der Demokratie ging um in Deutschland, und gegen dieses Gespenst halfen, nach Ansicht des stockkonservativen preußischen Beamten Wilhelm von Merckel, nur Soldaten. Ein damals vielzitiertes Gedicht aus seiner Feder endete mit den Worten: «Gegen Demokraten helfen nur Soldaten.»[98]

Umgekehrt sahen die Demokraten, mit dem Chefredakteur der «Neuen Rheinischen Zeitung», Karl Marx, an der Spitze, gerade in der Breite und der Vielfalt der demokratischen Bewegung die einzige und letzte Chance, die Revolution von 1848 doch noch zum Siege zu führen.

Die letzte Säule dieser Revolution war die Preußische Nationalversammlung in Berlin. Sie galt es, unter allen Umständen zu erhalten und zu verteidigen. Fiel sie, dann fiel auch die letzte l e g a l e Bastion der Demokratie. Auch als die Nationalversammlung im November 1848 aus Berlin ausgewiesen und nach Brandenburg verlegt wurde, gab die «Neue

Rheinische Zeitung» den Kampf nicht auf. Sie forderte die Nationalversammlung auf, die Minister des Königs als Hochverräter verhaften und jeden Beamten, der ihnen gehorchte, für vogelfrei erklären zu lassen: «Wie auch die Würfel in Berlin fallen: das Dilemma ist gestellt, König oder Volk – und das Volk wird siegen.»[99]

Aber den Demokraten der Nationalversammlung fehlten die Soldaten, um den Rat der «Neuen Rheinischen Zeitung» befolgen zu können, und das Volk hätte organisiert und bewaffnet sein müssen, um dem König seinen Willen aufzuzwingen. Nicht nur gegen Demokraten, auch gegen Autokraten – helfen nur Soldaten!

Hatte es Lassalle schon in seiner *Kassettenrede* verstanden, das Tribunal eines Kriminalgerichts in eine politische Arena zu verwandeln, indem er in der Person seines Gegners im Hatzfeldt-Prozeß, des rheinischen Magnaten Edmund Graf von Hatzfeldt, wo immer es ging die alte Ordnung als faul und korrupt anprangerte, so stürzte er sich jetzt direkt und ohne solche Umwege in den revolutionären Kampf. Im stolzen Bewußtsein seines Sieges über seinen mächtigen und gefährlichen Gegner in dem von ihm politisierten Kriminalprozeß, einem Sieg, den er allein seiner Intelligenz und seiner Rednergabe verdankte, bot er jetzt den Männern von der «Neuen Rheinischen Zeitung» die Hand zum brüderlichen Bündnis. Er und die Demokraten in Köln hatten nicht nur die gleichen Feinde, sie hatten in allen wichtigen Punkten auch die gleichen Überzeugungen.

Karl Marx fand an dem zehn Jahre jüngeren «energischen, feurigen und begabten Genossen» Wohlgefallen, und Lassalle «erblickte in Marx das Oberhaupt der kleinen kommunistischen Partei Deutschlands, der er sich selbst zurechnete». Lassalle ist ein Schüler von Marx gewesen und hat sich gern als solchen bekannt; er ist in allen prinzipiellen Fragen der sozialen Revolution mit Marx übereingekommen.[100]

Trotz aller Übereinstimmung, oder vielleicht auch gerade wegen dieser prinzipiellen Übereinstimmung, beschränkten sich die persönlichen Kontakte während der drei stürmischen Monate, in denen sich Lassalle frei zwischen Düsseldorf und Köln bewegen konnte, auf das Allernotwendigste. Lassalle hatte als Generalbevollmächtigter der Gräfin Hatzfeldt in Düsseldorf und als Revolutionsredner, Marx als Chefredakteur in Köln alle Hände voll zu tun. Aber auch ohne viele Worte war die Freundschaft rasch geschlossen und erreichte bald die Stufe des brüderlich-revolutionären Du. Aber stärker und dauerhafter als persönliche Gefühle, jedenfalls die von Marx für Lassalle, verband damals noch die beiden der Gleichklang der Prinzipien. Es waren die gleichen Hegelschen Prinzipien, mit denen sowohl Marx wie Lassalle die Zeichen der Zeit zu deuten suchten und die sie von der historischen Notwendigkeit der Revolution überzeugten: *Der alte Hegel pflegte zu sagen: Unmittelbar ehe ein qualitativ Neues auftreten soll, faßt sich der alte qualitative Zustand, alle seine markierten Differenzen und Besonderheiten, die er, solange er lebensfähig war, gesetzt hat, wieder aufhebend und in sich zurücknehmend in sein rein allgemeines ursprüngliches Wesen, in seine einfache Totalität zusammen . . . In seinem letzten Todeskampf faßt sich das Bourgeois-Regiment und der Privaterwerb in die einfache*

Friedrich Engels, 1845

Allgemeinheit all ihrer Fraktionen, in den Militärdespotismus und die Gewaltherrschaft zusammen.[101]

Zu theoretischen Diskussionen bis zu dem Punkt, an dem Lassalles und Marx' Meinungen über Hegel auseinandergingen, fehlte in jenen Tagen der revolutionären Praxis die Zeit und die Muße. Hätten Marx und Lassalle diese Zeit und diese Muße gehabt, so hätten sich ihre Wege entweder damals schon getrennt oder das ihnen Gemeinsame, das sie Verbindende hätte eindeutig die Überhand gewonnen. So aber hielt sich, was sie trennte und was sie verband, nahezu die Waage.

Lassalle und Engels sind sich weder damals noch später persönlich näher gekommen. Nicht einmal äußerlich. Sie ließen es zeitlebens bei dem förmlichen, bürgerlichen «Sie» bewenden.

Das Problem der Demokraten im Sommer und Herbst 1848 war nicht mehr, wie macht man, sondern wie rettet man eine Revolution. Die große Mehrzahl der Deutschen erwartete das Heil noch immer «von oben» und blickte noch immer voller Hoffnung und hochgespannter Erwartung nach Frankfurt. Die Deutsche Nationalversammlung in der Paulskirche sollte der Nation die Einheit und dem Bürger die Freiheit bringen.

Aber die großen Worte der ersten Stunde waren verrauscht. Ludwig Uhlands Versprechen: «Es wird kein Haupt über Deutschland leuchten, das nicht mit einem vollen Tropfen demokratischen Öls gesalbt ist», war noch immer uneingelöst, und die Kluft zwischen Anspruch und Macht, zwischen Wollen und Können wurde immer augenfälliger. Auch den Demokraten in der Paulskirche fehlten die Soldaten.

Aber solange das Parlament in Frankfurt tagte, schien es noch einen goldenen Mittelweg zu geben zwischen Fürstenherrschaft und Volksherrschaft, Reaktion und Revolution, und diese Hoffnung wollte man sich nicht rauben lassen. Man fuhr daher fort, auf das Wunder aus Frankfurt zu warten, auch nachdem die anfängliche Begeisterung der Resignation und der Langeweile Platz gemacht hatte. Auch die schönsten Redeblüten welken, wenn ihnen nicht die Tat folgt. Die Nationalversammlung in der Paulskirche redete, aber sie marschierte nicht.

Anders die Demokraten in Köln und Düsseldorf, anders Marx und Lassalle. Sie bauten keine konstitutionellen Luftschlösser. Sie riefen zu den Waffen.

In seiner «Mahnung der Toten an die Lebendigen» schlug Ferdinand Freiligrath in der «Neuen Rheinischen Zeitung» einen anderen Ton an als sein Dichterbruder Ludwig Uhland in der Paulskirche:

Zuviel des Hohns, zuviel der Schmach wird täglich Euch geboten:
Euch muß der Grimm geblieben sein – o, glaubt es uns, den Toten!
Er blieb Euch! ja und er erwacht! er wird und muß erwachen,
Die halbe Revolution zur ganzen wird er machen.
Er wartet nur des Augenblicks, dann springt er auf allmächtig:
Erhob'nen Arms, weh'nden Haars dasteht er wild und prächtig.
Die rost'ge Büchse legt er an, mit Fensterblei geladen,
Die rote Fahne läßt er wehn hoch auf den Barrikaden.

Unmittelbar nach der Veröffentlichung dieses Gedichts in der «Neuen Rheinischen Zeitung» wurde Freiligrath verhaftet. Lassalle protestierte in einer Massenkundgebung in Köln gegen diese Verhaftung. Zugleich trat er dem «Demokratischen Volksklub» bei, dem auch Freiligrath angehörte, und wurde Mitglied der Bürgerwehr. Am 17. September sprachen Lassalle und Engels zu einer Volksversammlung auf einer Wiese bei Worringen. Dabei bekannten sich beide zu der «demokratisch-sozialen Republik». Um der befürchteten Verhaftung zu entgehen, floh Engels kurz danach nach Belgien.

Am 19. September entwarf Lassalle im Namen der Bürgerwehr von Düsseldorf und der Landwehr des Kreises Düsseldorf eine Adresse an die Preußische Nationalversammlung, in der es heißt: *Wir schwören der Nationalversammlung, daß wir gerüstet ihren Aufruf erwarten, um zu zeigen, daß die Kraft noch nicht gewichen ist aus den Söhnen des Vaterlandes ... Der passive Widerstand ist erschöpft. Wir beschwören die Nationalversammlung: Erlassen Sie den Ruf zu den Waffen, den Ruf zur Pflicht!*

Und am 21. November schreibt Lassalle an den Landwirt Stangier von Wölfen: *Bald wird das ganze Land unter Waffen stehen, rüstet Eure Leute, sorgt für Munition.* Und in einer Volksversammlung in Neuß am gleichen Tag gibt er die Parole der «Volksbewaffnung» aus.

Am 22. November wird er wegen «Aufreizung zur Bewaffnung gegen die Königliche Gewalt» verhaftet und ins Gefängnis des Landgerichts Düsseldorf eingeliefert. Er bestritt keinen Augenblick, was man ihm zur Last legte, sondern erklärte: Widerstand gegen illegal ausgeübte Staatsgewalt ist erste Bürgerpflicht. Genau auf diesen Ton war auch seine berühmte Verteidigungsrede vor dem Düsseldorfer Assisen-Gericht gestimmt.

Gewaltsame Auflösung der preußischen Nationalversammlung am 14. November 1848

Für Lassalle waren der Ruf zu den Waffen und die Anwendung der Waffen, waren Besitz der Gewalt und Ausübung der Gewalt nicht dasselbe. Nur wenn das Recht auf keine andere Weise zu retten und zu schützen war, schloß er auch die Gewaltanwendung nicht aus. Er nahm damit für das Volk dasselbe Recht in Anspruch wie die Könige von Frankreich und Preußen, die auf ihre Kanonen die Inschrift anbringen ließen: «ultima ratio regum» oder «ultima ratio regis». Nur setzte er an die Stelle der Könige oder des Königs das Volk. Gewalt also als «ultima ratio populi».

Von Kämpfen reden, zu den Waffen rufen, ist noch lange nicht dasselbe, als mit blutbefleckter Hand und kaltem Herzen den Bruder, den Mitmenschen niederzusäbeln ... Blut und Schwert nur als letzte Notwendigkeit. Wenn sie selbst es nicht anders wollen. Aber sie sollen, denk ich, uns fürchten lernen, auch ohne Schwertstreich.[102]

Auch die Anklage gegen Lassalle: «Aufreizung zur Bewaffnung gegen die Königliche Gewalt», richtete sich nicht gegen «jegliche Gewalt». Das war in einem Revolutionsjahr, in dem Gewalt gegen Gewalt gesetzt wurde, nicht möglich. Sie versuchte eine bestimmte Form der Gewalt, die des Volkes gegen die des Königs, zum Verbrechen zu stempeln. Das war der schwache Punkt der Anklage, und ihn hatte Lassalle sofort erkannt. Doch auch der Staatsanwalt muß von vornherein seine Zweifel gehabt haben, Zweifel bezüglich der Gesinnung der – meist liberalen – Geschworenen. Daher stützte er seinen Versuch, den gefährlichen Revolutionär Lassalle unschädlich zu machen, noch auf eine zweite Klage: «Aufforderung zum Widerstand gegen Staatsbeamte».

Friedrich Heinrich Ernst Graf von Wrangel

Juristisch gesehen war das ein übler Trick; denn wer zur Bewaffnung gegen die königliche Gewalt aufreizt, leistet damit selbstverständlich auch «Widerstand gegen Staatsbeamte». Nach einem Freispruch in der ersten wäre also nach dem Grundsatz «ne bis in idem»* eine Verurteilung in der zweiten Sache nicht mehr möglich gewesen. Doch über den «Widerstand gegen Staatsbeamte» entschieden nicht Geschworene, sondern Staatsbeamte; und hier glaubte der Staatsanwalt seiner Sache sicher sein zu können. Und die beamteten preußischen Richter sollten ihn nicht enttäuschen.

Aber noch war Lassalle nur angeklagt und nicht verurteilt, und dem Untersuchungshäftling mußten die Behörden wohl oder übel den Verkehr mit der Außenwelt gestatten, wenn sie sich nicht eines offenkundigen Rechtsbruchs schuldig machen wollten. Vom Gefängnis aus führte Lassalle den Kampf für die Gräfin Hatzfeldt mit aller Energie weiter, und er korrespondierte eifrig mit persönlichen und politischen Freunden. Mehr als unter seinem Häftlingsschicksal litt er unter seiner Rolle des unbeteiligten Zuschauers bei den großen politischen Ereignissen in Europa.

In Wien hatten die Soldaten des Kaisers den Aufstand der Studenten und Arbeiter niedergeschlagen und ihren Anführer, den Paulskirchen-Abgeordneten Robert Blum, erschossen.

In Berlin war General von Wrangel mit 15 000 Mann einmarschiert, hatte die Bürgerwehr aufgelöst, den Belagerungszustand verkündet und Tausende von Demokraten verhaften lassen. König Friedrich Wilhelm IV. entsann sich seines Gottesgnadentums und oktroyierte eine Verfassung, die das allgemeine freie Wahlrecht nicht mehr vorsah. Statt

* Nicht zweimal gegen dasselbe

dessen sollte nach drei Klassen – Einkommensklassen – gewählt werden.

Das gesamtdeutsche Parlament in der Paulskirche unternahm eine letzte Kraftanstrengung und verabschiedete eine Reichsverfassung. Es war eine sehr schöne und freiheitliche Verfassung – gemessen an den Vorstellungen und Möglichkeiten der Zeit –, und sie hatte nur einen Fehler: Es fehlte ihr die Macht. Es fehlten ihr die Soldaten. Die Macht und die Soldaten sollten die Preußen beitragen, und daher boten die Verfassungsmacher von Frankfurt dem König von Preußen die Kaiserkrone an. Das war im März 1849. Ein Jahr früher hätte Friedrich Wilhelm IV. dankbar nach dieser Krone gegriffen – statt entblößten Hauptes gefallenen Revolutionären die letzte Ehre zu erweisen –; aber jetzt wollte er die Kaiserwürde nur noch aus den Händen seiner fürstlichen Vettern, nicht mehr aus denen des Volkes entgegennehmen. In einem Jahr hatte sich viel verändert in Deutschland.

Inzwischen verfaßte der Untersuchungshäftling in Düsseldorf seine Apologie. Kaum war sie fertig, ließ er sie als Broschüre drucken und übersandte sie einigen auserwählten Freunden. Doch das Gericht sah darin einen Verstoß gegen die Prozeßordnung und schloß am Tag der Verhandlung die Öffentlichkeit aus.

Das war am 5. Mai 1849. Lassalle weigerte sich daraufhin, seine Verteidigungsrede im Gerichtssaal zu verlesen und beschränkte sich auf eine kurze Entgegnung auf das Plädoyer des Staatsanwalts, der eine Strafe von fünf Jahren Zuchthaus forderte. Möglicherweise war diese Selbstbeschränkung Lassalles Rettung, denn seine gedruckte Verteidigung, die *Assisenrede*, war eine einzige Herausforderung des Staatsanwalts, des Königs von Preußen und jeder nicht vom Volk gewählten Autorität überhaupt:

Warum diese elende Farce, die jedes Kind durchschaut? Warum, warum frage ich, warum zu soviel Gewalt noch diese Heuchelei? Doch das ist preußisch. Viele Regierungen haben Gewalt geübt, doch während man uns das Schwert in die Brust stößt, dabei noch ausrufen: «Und das von Rechtswegen!» das ist preußisch! – Mit welchem Recht konnte man diese Grundrechte aufheben? Seit wann war General Wrangel Gesetzgeber Preußens geworden? ... Die oktroyierte Verfassung ... wird deshalb in alle Ewigkeit nichts sein als das Denkmal eines königlichen Meineids!

Ich frage Sie, wohlgemerkt, nicht vom Standpunkte der Volkssouveränität und der Menschenrechte, nicht einmal vom Standpunkt der Ehre aus, nein vom Rechtsbodenstandpunkt, vom streng juristischen Standpunkt des geschriebenen Rechts aus, was anders war das heiligste Recht, die höchste Pflicht des Landes, als die Sturmglocke ertönen zu lassen, die Flinte von der Wand zu reißen und die Barrikaden zu befestigen! ...

Man klagt mich an, die Gesetze des Landes schützen zu wollen? Seltsames Verbrechen! ...

Noch dreimal hassenswerter als der äußere Feind ist der innere, der des Landes Freiheit niedertritt, noch dreimal fluchenswerter als der fremde Fürst ist der eigene, der gegen des eigenen Landes Gesetze sich empört. Noch dreimal größer als die Schmach, einer fremden großen

Nation zu erliegen, ist die Schmach eines Volkes, das eines einzigen Mannes Beute wird ...

Ich will auf keinen anderen Grund hin freigesprochen sein als auf jenen souveränen, daß der Aufruf zu den Waffen damals das Recht und die Pflicht des Landes war ... Ich werde stets stolz sein darauf, zu den Novembergefangenen gehört zu haben.[103]

Man muß auch heute noch den Hut ziehen vor den Geschworenen des Assisengerichts zu Düsseldorf im Jahre 1849; denn es gehörte nicht geringe Zivilcourage dazu, zu einer Zeit, in der die Soldaten des Königs von Preußen auch im Rheinland die Macht fest in den Händen hielten, Lassalle nach einer solchen, wenn auch «nur» als Broschüre verbreiteten und nicht im Gerichtssaal verlesenen Verteidigung freizusprechen.

Für Lassalle bedeutete der Freispruch allerdings nicht die Freiheit. Der Staatsanwalt hatte ja noch einen zweiten Pfeil im Köcher: die Anklage, «zum Widerstand gegen Staatsbeamte» aufgefordert zu haben. Auf Grund dieser Anklage wurde Lassalle sofort von neuem verhaftet. Drei Monate später, am 5. Juli 1849, wurde er von dem «Zuchtpolizeigericht» zu sechs Monaten Gefängnis verurteilt, doch gewährte man ihm, auf Grund eines ärztlichen Attests, einen Strafaufschub, der schließlich bis zum 1. Oktober 1850 verlängert wurde. Danach mußte er die Strafe in voller Dauer abbüßen. Die Untersuchungshaft von November 1848 bis Juli 1849 wurde ihm nicht angerechnet.

Kaum von der «Zuchtpolizei» wegen seines Gesundheitszustands vorläufig auf freien Fuß gesetzt, wurde Lassalle «rückfällig». Sein erstes Ziel war die Aufnahme in den von Marx gegründeten Kommunistenbund, dessen «Zentralbehörde» aus vorübergehendem Londoner Exil nach Köln zurückverlegt worden war. Aber die Kölner Genossen, im Gegensatz zu Lassalle – zum mindesten nach eigener Definition – «echte Proletarier», wollten den skandalumwitterten Kaufmannssohn und Lebemann, den «Freund der Gräfin Hatzfeldt», nicht in ihren Reihen haben.

Auch die Bemühungen von Marx, der sich von London aus für die gut sozialistische und kommunistische Gesinnung des Genossen Lassalle verbürgte, waren vergeblich. Der Zigarrenarbeiter Peter Gerhard Röser schrieb damals an Marx, man habe die Aufnahme Lassalles in den Kommunistenbund abgelehnt, weil er «noch immer aristokratische Grundsätze hegt und für das allgemeine Wohl der Arbeiter nicht so begeistert ist, wie er sein sollte»[104].

Lassalle beklagte sich bei Marx über die *erbenden Kuckucke,* die sich in das von Marx bereitete Nest gebettet hätten.[105] Aber das Mißtrauen der *Kuckucke* und die Gefängniszeit 1850/51 erwiesen sich für Lassalle als verkleideter Segen. Sie bewahrten ihn davor, in den großen Kölner Kommunistenprozeß von 1852 mit hineingezogen zu werden. Als führendes Mitglied des Kommunistenbundes – mit einer anderen Rolle hätte er sich bestimmt nicht begnügt – wären ihm fünf bis sechs Jahre Gefängnis sicher gewesen.

Lassalle strafte seine kommunistischen Widersacher, die ihn wegen seines «schlechten Rufes» und seiner «aristokratischen Allüren» ablehnten, mit Großmut. Nach der Verurteilung des ehemaligen Redak-

Der «Kommunistenprozeß» in Köln, Oktober1852

teurs der «Neuen Rheinischen Zeitung», Heinrich Bürgers, zu fünf Jahren Gefängnis, schrieb er an Marx: *Ich schrieb Dir zwar neulich, daß ich von ihm* (Bürgers) *verletzt, mit ihm zerfallen wäre; aber natürlich habe ich den ganzen persönlichen Bettel sofort vergessen, als ich den Schlag erfuhr, der ihn getroffen.*[106]

Lassalle schickte den verurteilten Kommunisten Geld ins Gefängnis oder unterstützte ihre Familien, und er fuhr fort, im Rahmen der nach der endgültigen Niederlage der Revolution verbliebenen Möglichkeiten für die Sache der Demokratie zu wirken. In dem Haus, das er zusammen mit der Gräfin Hatzfeldt in Düsseldorf bewohnte, verbarg er von der Polizei gesuchte Genossen und schaffte sie mit Pferd und Wagen nach Holland. Und auch die Agitation setzte er in den eigenen vier Wänden fort: *Lange Zeit hindurch habe ich ihnen* (den Arbeitern) *durch die Zeit der heftigsten Reaktion hindurch – trotz der wütenden Drohungen der Polizei, die auch immer bei diesen Vorlesungen, soundsoviel Mann hoch, meinem Hause gegenüber in den Büschen lag – in meinem Hause Vorträge über die soziale Entwicklung seit 1789 . . . gehalten . . . Meine beständige Verbindung mit dem Proletariat brachte alle Bürokratie Düsseldorfs und des Rheinlandes zur Wut – und zur Rache verlor ich alle und jeden Zivilprozeß der Gräfin.*[107]

Im Frühjahr 1849 loderten die Flammen der Revolution, angefacht durch die Frankfurter «Reichsverfassung», in Baden, in der Pfalz und in Sachsen noch einmal empor und wurden unter tatkräftiger Mitwirkung preußischer Soldaten und des preußischen Kronprinzen, dem späteren Kaiser Wilhelm I., in Blut und Pulverrauch erstickt. Der preußische Thronfolger erwarb sich damals den Namen «Kartätschenprinz».

Die Demokratie hatte gegen die Soldaten eine Schlacht verloren, aber daß sie auch den Krieg verlieren könnte, war für Lassalle undenkbar, denn das wäre für ihn gleichbedeutend gewesen mit dem Verlust des

«Die letzte Barrikade». Ein Parlamentär beendet den Versuch der badischen Bürgerwehren, die Revolution von 1848 zu retten

Glaubens an die Vernunft der Geschichte: *Entweder kehrt Deutschland wirklich wieder und für immer in die Nacht der alten Zustände zurück – und dann ist alle Wissenschaft eine Lüge, alle Philosophie ein bloßes Spiel des Geistes. Hegel ein dem Irrenhaus entlaufener Narr, und es gibt keinen Gedanken in dem Zufall der Geschichte – oder die Revolution wird bald einen neuen und entscheidenden Triumph feiern. Letzteres hat ungleich mehr Wahrscheinlichkeit.*[108]

DER PRÜGELJUNGE DES STAATSANWALTS

Arm in Arm mit mir, so fordr' ich mein Jahrhundert in die Schranken.

Kriegsmanifest gegen die Welt

Präsident: Jetzt sind Sie angeklagt wegen Gefährdung des öffentlichen Friedens durch öffentliche Anreizung der Angehörigen des Staates zum Hasse gegeneinander. – Der Herr Staatsanwalt wird die Anklage vorlesen.

(Die Anklage, «die besitzlosen Klassen zum Haß und zur Verachtung gegen die Besitzenden öffentlich angereizt zu haben», wird vorgelesen.) ...

Angeklagter: *Erlauben Sie, daß ich sofort die Debatte aus dem Bereiche gewöhnlicher Prozeßroutine auf die Höhe und zu der Würde erhebe, welche ihr zukommen.*

Die Anklage, die gegen mich erhoben worden ist, ist ein schlimmes und trauriges Zeichen der gegenwärtigen Lage der Dinge.

Sie verletzt nicht nur die gewöhnlichen Gesetze; sie bildet sogar einen entschiedenen Eingriff in die Verfassung, und dies ist das erste Verteidigungsmittel, das ich ihr entgegenstelle.

Der Artikel 20 der Verfassung lautet:

«Die Wissenschaft und ihre Lehre ist frei».

Was kann und soll dieses in der Verfassung proklamierte «ist frei» bedeuten, wenn nicht dies, daß die Wissenschaft und ihre Lehre nicht an das allgemeine Strafgesetz gebunden sein soll?

Was kann ich für die literarische Unbelesenheit des Staatsanwalts?, mit seiner Unbekanntschaft mit dem, was sich in allen Richtungen der Gegenwart bereits vollbringt und von der Wissenschaft auch bereits anerkannt und einregistriert worden ist? Bin ich der wissenschaftliche Prügeljunge des Staatsanwalts?

Staatsanwalt (schnell einfallend): Herr Präsident! Ich glaube, diese

Erschießung von Aufständischen am Neuen Museum in Dresden, 8. Mai 1849

Äußerung des Angeklagten genügt, seinen Angriffen gegen die Staatsanwaltschaft die Krone aufzusetzen. Ich beantrage deshalb ... dem Angeklagten das Wort zu entziehen, und ihn, wenn er jetzt noch zu antworten fortfahren sollte, aus dem Sitzungssaal zu entfernen. (Sensation)

Präsident: Dem Angeklagten ist nunmehr das Wort entzogen, jede weitere Äußerung desselben also unstatthaft.

Angeklagter: (lebhaft einfallend) *Herr Präsident, ich muß hierüber einen Beschluß des gesamten Gerichtshofes extrahieren*. Ich beantrage einen solchen und verlange, daß mir zur Begründung dieses Antrags das Wort gegeben wird.*

Staatsanwalt: Ich muß dagegen protestieren, daß der Angeklagte noch spricht, da ihm das Wort vom Präsidenten entzogen worden ist.

Angeklagter: *Dies ist eine Verwechslung der Begriffe. Es ist mir das Wort au fond** entzogen worden. Ich habe nur auf einen Beschluß des Hofes darüber provoziert***, und der Hof kann über eine so wichtige Sache gar nicht entscheiden, ohne mich zuvor darüber gehört zu haben.*

Präsident: Der Angeklagte hat das Wort darüber, ob ihm das Wort zu entziehen sei.

Staatsanwalt: Dann bemerke ich wenigstens, daß der Angeklagte über nichts anderes sprechen kann ...

Angeklagter: *Das Gesetz ... verpflichtet mich nur, den Staatsanwalt nicht zu beleidigen ... aber das Gesetz verlangt keineswegs Respekt oder Ehrfurcht vor demselben ...*[109]

Wäre uns von und über Lassalle nichts weiter überliefert als dieses Stück aus dem stenographischen Bericht über die mündliche Verhandlung im Kriminalprozeß gegen ihn vor dem Stadtgericht Berlin am 16. Januar 1863, sowie vielleicht noch der Brief an seinen Vater, worin es heißt: Die Philosophie Hegels *gab mir alles, gab mir Klarheit, Selbstbewußtsein, gab mir zum Inhalt die absoluten Mächte des menschlichen Geistes,* und schließlich noch der Satz aus seinem *Kriegsmanifest gegen die Welt*: *Arm in Arm mit mir, so fordr' ich mein Jahrhundert in die Schranken,* so könnten wir aus diesen wenigen Bruchstücken den ganzen Lassalle rekonstruieren; im gleichen Sinne und in der gleichen Weise wie Lassalle aus den überlieferten Aussprüchen Heraklits den «ganzen» Heraklit zu rekonstruieren unternahm. Eine mühevolle, aber nicht unmögliche Aufgabe, denn diese Bruchstücke enthalten das für Lassalle Typische und für das Verstehen seiner Person und seiner Mission Wesentliche.

Arm in Arm mit mir bedeutet bei Lassalle nicht Arm in Arm mit mir als Person, als Individuum, als frei schwebendem Ich. Wäre dies die Bedeutung, so läge darin nichts als geistiger Hochmut und nackte Hybris. Es wäre, um mit Lassalle zu reden, nichts als der Ausspruch eines *dummen Jungen.* Das durch die Schule Hegels gegangene Ich aber versteht sich anders. Er versteht sich als Teil, als «bescheidener» Teil

---

* beantragen
** grundsätzlich
*** veranlassen (Lassalle bedient sich hier der Sprache des «Code Napoléon»)

eines unendlichen, umfassenden Prozesses.

Auch in der messerscharfen Auseinandersetzung mit dem Staatsanwalt ist nicht ein hypertrophes, größenwahnsinniges Einzel-Ich der Bundesgenosse des Angeklagten, sondern «Die Wissenschaft». *Arm in Arm mit mir* bedeutet also soviel wie «im Bunde mit der Wissenschaft», einer Wissenschaft, die sich ihrerseits als Dienerin der Vernunft versteht, deren Weg durch die Geschichte begleitend und verzeichnend. Im Bunde mit der Wissenschaft als Repräsentantin der Vernunft kämpft Lassalle gegen die Staatsgewalt als Repräsentantin der Macht. Er beruft sich auf die Vernunft als höchste und letzte Instanz und relativiert damit von vornherein das Urteil der «untersten Instanz», des Stadtgerichts Berlin, vor dem er sich wegen eines angeblichen Verstoßes gegen ein Strafgesetz zu verantworten hat.

Dieses Strafgesetz wiederum relativiert er durch den Appell an die Verfassung, die die Freiheit von Wissenschaft und Lehre garantiert. Er führt seine Verteidigung also sowohl mit philosophischen wie mit juristischen Waffen: Der Verfassungsgrundsatz der Freiheit der Wissenschaft ist für ihn gleichbedeutend mit der philosophischen Kategorie des «Allgemeinen» und der Strafgesetz-Paragraph, der die Besitzenden vor dem Haß und der Verachtung der Besitzlosen schützen soll, mit der dem Allgemeinen entgegengesetzten Kategorie des Besonderen. Gelang es Lassalle, die Verhandlung gegen ihn *auf die Höhe und zu der Würde dieser Bereiche zu erheben*, dann hatte er gewonnenes Spiel. Das wußte auch der Advokat in ihm.

Als Anwalt in eigener Sache, im «Kassetten»-Prozeß und im «Assisen»-Prozeß sowie im Zivilprozeß der Gräfin Hatzfeldt, hatte er es auch in der prozessualen Routine mit all ihren Ecken, Winkeln und Kniffen zu virtuoser Meisterschaft gebracht. Im Aktenkrieg und im Gerichtssaal, nicht im Studierzimmer und im Hörsaal, entwickelte er sich zum Meisteradvokaten. Er beherrschte auch alle Register des juristischen Kleinkriegs. Aber er verschmähte es, sich ihrer zu bedienen, denn damit hätte er sich der Möglichkeit beraubt, mit seinen Prozessen zu agitieren. Gewiß, für s i c h zu agitieren, aber für sich als Verfechter, als Verkünder, als Verkörperung eines Prinzips. Insofern bestand kein Unterschied zwischen seiner Agitation vor Gericht «in eigener Sache», seinem Kampf für die Vermögensrechte der Gräfin Hatzfeldt und seinen großen Agitationsreden vor den Arbeitern. Seine Verteidigungsreden vor Gericht ließ er als Broschüren drucken und verschickte sie an die Arbeiter; seine Reden vor den Arbeitern ließ der Staatsanwalt beschlagnahmen und stützte auf sie seine Anklage. Es war ein ständiger Kreislauf. Aber das Ende war vorauszusehen. Eines Tages würde der Staatsanwalt, wenn auch nicht im Prinzip, so doch in der Praxis, über seinen «Prügeljungen» triumphieren

Es ist, wie das Schicksal Lassalles zeigt, möglich, *ein Jahrhundert erfolgreich in die Schranken zu fordern* und doch dem Staatsanwalt oder einer von einem *dummen Jungen* abgefeuerten Pistolenkugel zu erliegen. Es ist möglich, weil das «Jahrhundert» als Inbegriff des nicht mehr Vernünftigen zwar widerlegt, das Vernünftige aber noch zu schwach sein kann, um den einzelnen, in dessen Bewußtsein es sich schon abzeichnet, zu retten. Die Grenze zwischen dem nicht mehr und dem noch nicht Vernünftigen ist so schmal wie die zwischen Vergangenheit und Zukunft; wer sich auf ihr ansiedelt, lebt prekär und gefährlich. Doch wer weiß schon, wie zeitgemäß oder wie unzeitgemäß er ist, solange er lebt?

Blicken wir 110 Jahre zurück, so sehen wir vielleicht manches deutlicher als Lassalle selbst und als seine Zeitgenossen, aber wir kennen aus erster Hand nur den schreibenden Lassalle; den agierenden, den agitierenden, den redenden Lassalle kennen wir nur aus zweiter Hand durch die – in manchem widersprüchlichen – Zeugnisse derer, die Lassalle als Gerichtsredner oder als Massenagitator erlebt haben. Sein Sekretär und Nachfolger als Präsident des Allgemeinen Deutschen Arbeiter-Vereins, Bernhard Becker, gibt von ihm folgende Beschreibung als Redner: «Er beherrschte vollständig seine umfangreichen Stimmittel, hatte mit Sorgfalt die Rhetorik großer Redner und Dichter studiert und verstand die Mimik und Gestikulation so meisterhaft zu benutzen, daß derjenige, der bei seinen Reden kalter Beobachter hätte bleiben können, leicht an einen vollendeten Schauspieler erinnert worden wäre. Doch dieses Schauspielartige konnte nicht widerlich werden, da der geistige Gehalt die als spielende Zugabe erscheinende Darstellung meist überwog und sie in den Hintergrund drängte. Dies war in so hohem Maße der Fall, daß selbst das im Anfang der Reden bemerkliche leichte Anstoßen der Zunge im Laufe des Sprechens nicht mehr gehört wurde.»[110]

Wie Lassalles «Mimik und Gestikulation» auf die Richter des Stadtgerichts Berlin am 16. Januar 1863 gewirkt hat, wissen wir nicht. Das Urteil lautete in der ersten Instanz auf vier Monate Gefängnis und in der Berufungsverhandlung am 12. Oktober 1863 auf Freispruch. Der einzige Triumph des Staatsanwalts war die richterliche Bestätigung der polizeilichen Beschlagnahme der Schrift Lassalles: *Über den besonderen Zusammenhang der gegenwärtigen Geschichtsperiode mit der Idee des Arbeiterstandes.* Es war die gedruckte Fassung eines Vortrags, den Lassalle am 12. April 1862 im Berliner Handwerkerverein der Oranienburger Vorstadt gehalten hatte, und der unter dem Namen *Arbeiterprogramm* Geschichte machen sollte. Das *Arbeiterprogramm* gab den Anstoß zu der ein Jahr später an Lassalle ergehenden Aufforderung, sich an die Spitze der deutschen Arbeiterbewegung zu stellen.

Schon in diesem Vortrag hatte Lassalle den Arbeitern dringend ans Herz gelegt, sich der Wissenschaft als Waffe gegen die alte Ordnung zu bedienen: *Von der hohen Bergspitze der Wissenschaft aus, meine Herren, sieht man das Morgenrot des neuen Tages früher als unten in dem Gewühl des täglichen Lebens.* Und noch deutlicher sagte er es in seiner vor dem Berliner Kriminalgericht wegen dieses Vortrags gehaltenen Verteidigungsrede: *Die unbeschränkte Freiheit der wissenschaftlichen Lehre ist daher nicht nur ein unnehmbares Recht des Individuums, sie ist vor allem und in noch höherem Grade die Lebensbedingung des Ganzen, das Lebensinteresse des Staates selbst.*[111]

Lassalle greift nicht den Staat an sich an, sondern nur, das aber mit aller Vehemenz, den Staat der alten Ordnung; und wenn nach dem Zeugnis von Franz Mehring «der deutsche Liberalismus nie begriffen

Vom Geld ist die Rede, von wem noch?

Dem Namen nach . . .

... möchte man ihn für einen Italiener halten, aber er war gebürtiger Londoner. Sein Vater, eingebürgerter Däne, war ein erfolgreiches Mitglied der Londoner Börse, und so stand es früh fest, daß auch der junge X in die so einträglichen Fußtapfen des Vaters treten sollte. Mit 14 Jahren trat er ins väterliche Büro ein und zeigte alsbald nicht nur Neigung, sondern auch Talent zum Börsengeschäft. Aber einige Jahre später verliebte er sich in eine Quäkerin und legte, gerade volljährig geworden, seinen jüdischen Glauben ab. Die Folge: Er wurde – für etwa acht Jahre – aus der Familie ausgestoßen und war fortan auf die eigenen Füße gestellt.

X blieb an der Börse. Dank seiner Fähigkeiten wurde er von einem bedeutenden Bankhaus unterstützt und gefördert. Seine Geschäfte gediehen. Innerhalb weniger Jahre verdiente er ein ungeheures Vermögen. Der junge reiche Mann hätte seinen Geschäften und seinen Hobbies nachgehen können, der Geologie und Mineralogie, der Mathematik und Chemie. Doch zufällig fiel ihm – er war 27 oder 28 Jahre alt – ein volkswirtschaftliches Werk in die Hände, Adam Smiths *Wealth of Nations.* Und das veränderte die wissenschaftlichen Interessen des Mannes von Grund auf. Fortan verdiente er nicht nur Geld, er versuchte auch, hinter die Gesetze des Geldverdienens zu kommen. Und er bemerkte, daß andere viel weniger verdienten und fand das «Gesetz der fallenden Lohnquote», das besagt: Wenn der Volkswohlstand insgesamt steigt, steigt der Anteil des einzelnen Arbeiters am Sozialprodukt zwar auch, aber in geringerem Maße; die Lohnquote nimmt also relativ gesehen ab.

Als X 43 Jahre alt war, zog er sich aus den Geschäften zurück und wurde wenig später Parlamentsabgeordneter. Er hielt bemerkenswerte Reden zu ökonomischen Fragen und forderte und förderte den wirtschaftlichen Liberalismus. Im 51. Lebensjahr starb er. Seine gesammelten Werke füllen 10 Bände. Von wem war die Rede?

(Alphabetische Lösung: 18–9–3–1–18–4–15)

hat, daß der Polizeistaat nur dann zu einem Rechtsstaat umgewandelt werden könne, wenn jeder einzelne jede ihm widerfahrene widerrechtliche Gewalt aus allen Kräften, über jede Rücksicht hinaus und bis in die vollste Öffentlichkeit hinein verfolge und jedesmal von neuem an das öffentliche Rechtsgewissen des Landes appelliere»[112], so entspricht das genau der Überzeugung Lassalles und erklärt seinen lebenslangen Kampf mit den preußischen Staatsanwälten und Richtern.

Dieser Kampf begann mit einem «Zufall». *Ganz zufällig war ich zugegen, als der Graf zu Anfang 1846 sich neuer Untaten gegen seine Frau schuldig machte ... Der Graf, sage ich, schrieb insgeheim diesem vierzehnjährigen Sohne, daß er ihn enterben würde, wenn er der Mutter nicht heimlicherweise entfliehe. Paul brachte diesen Brief seiner Mutter; ich traf sie von Tränen und Kummer niedergebeugt an und erfuhr nach und nach die ganze Geschichte ... Ich sah den vollen Egoismus, die ganze Feigheit der aristokratischen Welt, welche dieses edle Wesen ihren herzlichen und angefaulten Vorurteilen opferte.*[113]

Herbeigeführt hatte diesen Zufall ein gemeinsamer Bekannter, Lassalles und der Gräfin Sophie Hatzfeldt, ein Oberst Graf Keyserlingk, im Januar 1846. Gemeinsam mit den Freunden Arnold Mendelssohn und Felix Oppenheim unternahm Lassalle Schritte, um den Sohn Paul seiner Mutter zu erhalten. Von einem Prozeß gegen ihren Mann hatten die engsten Verwandten der Gräfin Sophie dringend abgeraten. Ihr Bruder, Fürst Hermann Hatzfeldt, warnte sie vor «schlechter Gesellschaft», und ihre Schwester Herminie schrieb ihr am 21. Oktober 1846: «... die früher so gefeierte, schöne Gräfin Hatzfeldt wirft sich einer Judengesellschaft in die Arme.»[114]

Sophie, die der fürstlichen Linie der Familie von Hatzfeldt entstammte, war siebzehnjährig im Jahre 1822 mit ihrem Vetter, dem Grafen Edmund von Hatzfeldt-Wildenburg, auf Schloß Calcum aus familien- und vermögenspolitischen Gründen verheiratet worden. Edmund von Hatzfeldt behandelte seine Frau wie eine lästige Zeugin und Spielverderberin bei seinen sich bis zum Satyrismus steigernden sexuellen Eskapaden und bedrohte sie, als sie sich gegen ihn auflehnte, mit dem Entzug des Sorgerechts für ihre Kinder und ihres Anteils an dem gemeinsamen – sehr beträchtlichen – Vermögen. Obwohl Edmund seine Frau oft mehrmals in einer Woche in aller Öffentlichkeit und gelegentlich sogar in ihrer Gegenwart betrog, legte er es auf eine Scheidung an, bei der s i e schuldig gesprochen und ihres Vermögens für verlustig erklärt werden sollte. Obwohl Bruder und Schwester all dies wußten, drohten sie Sophie mit dem Entzug jeglicher Unterstützung, falls sie sich an die Gerichte wenden würde. So sehr fürchtete die Familie den Skandal – und diese Befürchtungen erwiesen sich als nur zu begründet: Die Wellen, die dieser Prozeß schlug, zogen nicht nur die Hatzfeldts, sondern auch deren Verwandte, Gutsnachbarn und Standesgenossen mit in ihren Strudel. Viele verkauften ihre Stadtpalais in Düsseldorf, weil man in der damals nur 40 000 Einwohner zählenden Provinzhauptstadt nach dem Hatzfeldt-Prozeß mit Fingern auf sie zeigte.

War schon der Entschluß von Sophie von Hatzfeldt, überhaupt den Prozeß zu wagen, nach damaligen Begriffen von Tradition und Fami-

Sophie von Hatzfeldt. Zeichnung

lienehre ungeheuerlich, so war es geradezu tollkühn, sich einen jüdischen und noch dazu «roten» einundzwanzigjährigen Philosophie-Studenten als Rechtsberater zu wählen. Doch war es vielleicht gerade dies: der Haß ihrer Feinde und ungetreuen Freunde, der ihr Lassalle empfahl, noch bevor sie ihn kennen- und schätzenlernte. Die 20 Jahre, in denen sie die seelischen Grausamkeiten und sexuellen Exzesse ihres Mannes erdulden mußte, hatten diese stolze, kluge und selbstbewußte Frau nicht zermürbt, sondern sie stärker, härter und furchtloser gemacht. Sie wußte, es gab für sie nur Unterwerfung oder Kampf. Und nachdem die Würfel gefallen waren, ließ sie sich bei der Wahl ihrer Bundesgenossen und der Wahl ihrer Waffen nur noch von einem Gedanken leiten: dem Gedanken an den Sieg.

Doch was bewog Lassalle, in diesem fast aussichtslosen Kampf die Rolle des Ritters und Drachentöters zu übernehmen? Eitelkeit, Ehrgeiz, Liebe, Gewinnsucht? All diese Motive hat man ihm unterstellt, und keines wirkt, für sich genommen oder auch mit anderen verflochten, überzeugend. Am wenigsten die Gewinnsucht, am ehesten noch der Ehrgeiz, aber ein Ehrgeiz, der sich höhere Ziele gesteckt hatte, als nur für eine schöne Gräfin einen pikanten Prozeß zu gewinnen.

Über die «Intimsphäre» Lassalles und der Gräfin ist in der Lassalle-Literatur viel gerätselt worden. So wenig Anlaß besteht, eine körperliche Beziehung, zumal in der ersten Zeit ihrer Bekanntschaft, auszuschließen, so deutlich überwog doch von Anfang an Eros den Sexus.

Edmund Graf von Hatzfeldt-Wildenburg

Nachdem die wohl nie sehr starke Welle der Sexualität verebbt war und einem Gefühl der *Identität des innersten geistigen Wesens* Platz gemacht hatte, war diese Welle wieder Teil eines Meeres allumfassender, millionenumschlingender Erotik, die von der Anteilnahme an einem herzbewegenden Einzelschicksal bis zu dem unwiderstehlichen Drang reichte, a l l e n Mühseligen und Beladenen dieser Welt ein rettender Ritter zu sein. Der Anblick einer an den Felsen gefesselten drachenbedrohten Jungfrau genügte, um diesen Ritter Georg sein Roß spornen zu lassen. Alles andere war der jeweiligen Situation und dem jeweiligen Publikum angepaßte Rationalisierung eines unterbewußten Rettungs-Imperativs:

Und ich, ein junger machtloser Jude, erhob mich gegen die furchtbarsten Mächte – ich allein gegen die ganze Welt, gegen die Mächte des Ranges und der ganzen Aristokratie, gegen die Macht eines unbegrenzten Reichtums, gegen die Regierung und gegen die Beamten aller Art, welche stets die natürlichen Verbündeten von Rang und Reichtum sind, gegen alle nur möglichen Vorurteile.[115]

Gerade darum inkarniert sich mir in der Sache der Gräfin – mehr als in den hohlen und abstrakten Theorien der Liberalen und Landtagsstürmer – die Sache der Menschheit, die Passionsgeschichte der menschlichen Freiheit ... denn sonst *wäre ihr Geschick, obgleich bejammernswert, dann nur ein individuelles gewesen; man konnte dann nur Mitleid für sie empfinden, wie etwa für ein armes Kind, das vom barbarischen Vater mißhandelt wird. Dafür die Lanze einzulegen und als irrender Ritter durch die Welt zu toben, wäre lächerlich ... für etwas bloß Individuelles braucht sich ein anderes Individuum nicht mit Haut und Haaren in die Schanze zu schlagen; in einem solchen Falle kann für die Sache der Menschheit nichts gewonnen werden.*[116]

Ich habe Ihnen dargetan, meine Herren, in welchen glücklichen, ja ich darf sagen ehrenvollen Verhältnissen ich lebte, ehe ich die Gräfin von Hatzfeldt kennenlernte und mir die Aufgabe stellte, ihr unverdientes Los zu bessern. Ich befand mich in der überaus glücklichen Stellung eines jungen Gelehrten, dessen äußere Lage eine unabhängige ist ... Wo alle Menschenrechte beleidigt werden, wo selbst die Stimme des Blutes schweigt und der hülflose Mensch verlassen wird von seinen geborenen Beschützern – da erhebt sich mit Recht der erste und letzte Verwandte des Menschen, der Mensch![117]

Graf Edmund nahm die Kampfansage seiner Frau und ihres Bevollmächtigten zunächst nicht ernst. Er fand es nicht einmal nötig, sich den Vornamen seines Gegners zu merken. In seiner Scheidungsklage vom Mai 1846 heißt es: Sophie von Hatzfeldt «lernte im Jahre 1846 durch Vermittlung des Grafen Kaiserling [richtig Keyserlingk] den Jakob [!] Lassalle, Sohn eines jüdischen Kaufmanns aus Breslau, kennen und gleichzeitig den Kammergerichtsassessor Oppenheim, Sohn eines jüdischen Bankiers und den jüdischen Arzt Dr. Mendelsohn ... alle drei hatten ehebrecherischen Umgang mit der Gräfin».

1848 versuchte Edmund von Hatzfeldt die Richter gegen den gefährlichen Revolutionär Lassalle einzunehmen und gab zu Protokoll, sein Sohn Paul habe auf einer Versammlung des Volksklubs in Düsseldorf die Arbeiter aufgefordert, die Waffen gegen seinen Vater und Bruder zu ergreifen und ihnen dafür einige Morgen Landes als Belohnung versprochen. Die Gräfin habe «Cigarren rauchend und Bier trinkend» zugehört.[118] Lassalle konnte leicht nachweisen, daß die Gräfin nie im Volksklub war und daß Graf Paul nie eine solche Rede zu den Arbeitern gehalten hatte. «Wahr» an der Geschichte war nur, daß die Gräfin allerdings Zigarren rauchte und auch gelegentlich Bier trank und daß Edmund von Hatzfeldt Alimente für seine unehelichen Kinder in Grund und Boden zu bezahlen pflegte: Zwei Morgen Land für ein Kind.

Doch das sind noch relativ harmlose Beispiele aus dem erbarmungslosen Krieg, den die beiden Prozeß-Parteien acht Jahre lang gegeneinander führten: «Es handelt sich nicht um einen einzigen Prozeß, sondern um einen Wald von Prozessen, in dem die Parteien einander gegenüber lagen wie zwei Indianerstämme auf dem Kriegspfad und mit allen erlaubten und unerlaubten Mitteln der Hinterlist und Spionage, ja noch schlimmerer Dinge gegeneinander operierten.»[119]

Auch die berüchtigte Kassetten-Affäre war nur in einem solchen Indianerkrieg möglich. Lassalle hatte durch seine Spione erfahren, daß Edmund von Hatzfeldt einen großen Teil seines freien, das heißt nicht durch Fideikomiß gebundenen Vermögens, seiner Mätresse, der Baronin Meyendorff, geschenkt habe. Damit hätte er seinen Sohn Paul, der zu seiner Mutter hielt, praktisch enterbt. Lassalle brauchte Beweise für diese Schenkung, und um sie zu beschaffen, stahlen seine Freunde Op-

Roger befreit Angélique. Gemälde von J. A. D. Ingres, 1819. Paris, Louvre

penheim und Mendelssohn in einem Kölner Hotel die Schmuckkassette der Baronin Meyendorff. Die Schenkungsurkunde befand sich jedoch nicht in der Kassette, die, mit allen Juwelen, alsbald in den Besitz der Eigentümerin zurückgelangte. Dennoch wurden Oppenheim, Mendelssohn und Lassalle als Diebe oder Diebeshelfer angeklagt. Oppenheim, der die Kassette entwendet und in das Zimmer Mendelssohns gebracht hatte, wurde freigesprochen, Mendelssohn zu fünf Jahren Gefängnis verurteilt.[120]

Lassalle gab die Anklage wegen «intellektueller und moralischer Urheberschaft» des Diebstahls Gelegenheit zu seiner berühmten *Kassettenrede*, mit der er sich den Freispruch erkämpfte. Es war ein prozessualer Sieg, aber in Lassalles Augen war der Sieg vor Gericht zugleich auch ein Sieg der Revolution: Die Einwohner von Düsseldorf *spannten die Pferde der Equipage, in der ich mit der Gräfin saß, aus und zogen uns selbst.* Das Volk *hatte wohl begriffen, daß es doch im tiefsten Sinne des Wortes ein solcher* (politischer Prozeß) *war, daß es die Auflehnung gegen die Unterdrückung war.*[121]

Die Anteilnahme der Bevölkerung war kein Zufall, sondern die Frucht von Lassalles unermüdlicher «Öffentlichkeitsarbeit». Lassalle und seine Freunde, auch die «Neue Rheinische Zeitung», hatte für weiteste Verbreitung des «Hatzfeldt-Skandals» gesorgt.

Edmund von Hatzfeldt versuchte mit gleichen Waffen zurückzuschlagen. Er nahm einen verkrachten Journalisten, Isidor Momma, der sich Professor nannte, ohne es zu sein, in seinen Sold und beauftragte ihn, eine Schmähschrift gegen Lassalle und die Gräfin zu verfassen. Das Produkt dieser bestellten Arbeit war die «Erzählung einer höchst komischen Geschichte ... worin eine bekannte Gräfin Hatzfeldt für ein paar lumpichte Thaler sich von ihrem Factotum, genannt Lassalle, blamieren läßt». Dazu eine Karikatur mit einem Lassalle von zwergenhaftem Wuchs und einer Gräfin Hatzfeldt als zigarrenrauchende Hexe. So sah der Pamphletist die Gräfin.

Es gibt auch andere Urteile über ihr Äußeres aus jener Zeit: «Eine majestätische Gestalt, in deren edel geformten Gliedern ein gewisser Rhythmus vorherrschte, welcher mehr als einen Mann ergriff und gewann, schön geschnittene Gesichtszüge, schweres goldiges Haar, ein vornehmes natürliches Benehmen, ein ruhiges Wesen, eine einfache, verständige Art, sich auszudrücken – das waren die Waffen dieses als eine gefährliche Sirene besprochenen Weibes.»[122]

Mit Attacken, verdeckten oder offenen, auf den Lebenswandel seiner Frau hätte Edmund von Hatzfeldt vorsichtiger sein sollen. Denn hier verfügte die Gegenpartei über die bessere Munition. Die von Lassalle verfaßte 87 Folioseiten starke Scheidungsklage nennt 30 Mätressen des Grafen, von Trägerinnen bekannter Adelsnamen bis zu den letzten Düsseldorfer Prostituierten, bei Namen und beschreibt bei Hunderten anderer ausführlich Ort und Gelegenheit. Als «Dokument der Unsittlichkeit der Oberen Stände» hat Eduard Fuchs 20 Seiten aus dieser Klage in seine «Illustrierte Sittengeschichte» aufgenommen.[123] Im Verlauf des Scheidungsprozesses wurden in Calcum, dem Stammschloß des Grafen, weit über 300 Zeugen und Zeuginnen vernommen. Die Akten dieses Prozesses füllen noch heute einen (fest verschlossenen) Schrank des Landgerichts Düsseldorf; und im Park von Schloß Calcum, das die Familie Hatzfeldt inzwischen an das Land Nordrhein-Westfalen verkauft hat, kann man noch heute Düsseldorfer Bürgern älteren Jahrgangs begegnen, die augenzwinkernd erklären, sie wollten sich «das Schloß ihres gräflichen Ahnherren» ansehen.

Was die Justiz trotz so überwältigenden Beweismaterials nicht schaffte, der Gräfin zu ihrem Recht zu verhelfen, das gelang Lassalle nach acht Jahren und 36 Prozessen dank seiner – wie Heine sich ausdrückte – «an Irrsinn grenzenden Willenszähigkeit». Des landesweiten Skandals und des ewigen Prozessierens müde, willigte der Graf schließlich ein, sich zu vergleichen. Einer seiner beiden Mittelsmänner, der Möbelhändler Franz August von Stockum, erhielt von Lassalle ein «Cadeau» von 10 000 Talern und auch der zweite, der Polizeidirektor von Düsseldorf, Johann Franz von Falderen, wurde für seine Vermittlungsdienste materiell entschädigt. Stockum wurde bald darauf wegen betrügerischen Bankrotts und Fälschung zu drei Jahren Zuchthaus verurteilt,

Sophie von Hatzfeldt

Falderen floh unter nicht aufgeklärten Umständen nach Frankreich. Ruhmvoll war das Ende des «Hatzfeldt-Handels» nicht. Für keinen der Beteiligten.

Aber Lassalle hatte erreicht, was er wollte. Die Gräfin Hatzfeldt erhielt einen so beträchtlichen Anteil an dem gemeinsamen Vermögen, daß sie sorgenfrei und «standesgemäß» leben konnte. Ihren Bevollmächtigten entschädigte sie mit einer Jahresrente von 4000 Talern. Das entsprach etwa dem Gehalt eines Regierungspräsidenten. (Ein preußischer Minister hatte ein Jahreseinkommen von 8000 Talern.)

Die finanzielle Unabhängigkeit, die Möglichkeit, von jetzt an ganz seinen wissenschaftlichen und politischen Interessen zu leben, war für Lassalle gewiß wichtig, aber das Allerwichtigste war für ihn der Sieg. Am 23. August 1854 schrieb er seinen Eltern: *Die für die Gräfin erkämpften materiellen Vorteile, das bedeutende Vermögen, das ich ihr erfochten, freuen mich gewiß sehr. Aber fast noch mehr das Bewußtsein, siegreich und mit Lorbeer umgürteter Stirn aus diesem schweren Kampf geschieden zu sein.*[124]

Lassalle hatte den Prozeß Hatzfeldt nicht wie ein Advokat in einem Rechtsstaat geführt, auch nicht wie ein Michael Kohlhaas, der das Recht durch Unrecht herbeizwingen will. Lassalle glaubte – jedenfalls nach 1848 – nicht mehr an den Sieg des Rechts in Preußen – in diesem Preußen. Auch wenn es ihm hin und wieder gelang, wie im Kassetten-Prozeß, in seiner *Assisenrede* und in seiner Verteidigung vor dem Berliner Stadtgericht, den Spieß umzudrehen und den Staatsanwalt zu seinem «Prügeljungen» zu machen.

Lassalle führte den Hatzfeldt-Prozeß wie ein Staatsmann gegen eine feindliche Macht oder gegen eine Koalition feindlicher Mächte: gegen den Grafen Hatzfeldt, sein Geld, seinen Einfluß, seine Beziehungen, seine Klasse. Gegen eine Justiz, die nach der Obrigkeit schielte, und gegen einen Staat, in dem Macht vor Recht ging. Den Prozeß für die Gräfin wollte er unter allen Umständen gewinnen, mit welchen Mitteln auch immer. Hier zählte, wie in einem Krieg, allein der Erfolg. Anders bei den Prozessen in eigener Sache. Hier war für ihn nicht der Gewinn entscheidend, sondern die – politische – Wirkung: *Angeklagt muß und werde ich immer die Anklagebank als Tribüne für politische Propaganda benutzen.* [125]

Aber der Staatsanwalt ließ seinen «Prügeljungen» nicht aus dem Auge. Am 12. März 1864 mußte sich Lassalle vor dem Staatsgerichtshof zu Berlin wegen Hochverrats verantworten. Ihm drohten drei Jahre Zuchthaus und fünf Jahre Polizeiaufsicht. Nur durch die kühne Behauptung, Bismarck selbst werde «binnen eines Jahres» die Verfassung stürzen und das allgemeine freie Wahlrecht einführen, also genau das tun, was man ihm, Lassalle, als hochverräterisches Unternehmen vorwerfe, konnte er noch einmal einen Freispruch erkämpfen. Es war dem Gericht bekannt, daß er mit Bismarck in Verbindung stand.

Aber bald darauf wurde er erneut verurteilt: Vom Landgericht in Düsseldorf wegen seiner Rede *Die Feste, die Presse und der Frankfurter Abgeordnetentag,* die er im September 1863 in Barmen, Solingen und Düsseldorf gehalten hatte. Das Urteil in erster Instanz lautete auf ein Jahr, das in zweiter Instanz, Juni 1864, auf sechs Monate Gefängnis. Hatte er bisher jeden Gerichtssaal betreten wie ein Gladiator die Arena, so bat er diesmal – zum erstenmal – seine Richter um etwas. Er bat sie zu bedenken: *Es steht ... nicht mehr alles bei mir wie in meiner Jugend, wo ich mit derselben Gleichgültigkeit ins Gefängnis ging, wie ein anderer zum Ball.*[126]

Aber das letzte Wort richtete der müde gewordene Gladiator nicht an den Staatsanwalt und nicht an seine Richter, sondern an die Arbeiter im Rheinland:

Die Gefühle, die mich bei dem Gedanken, daß ich persönlich beseitigt werden kann, durchdringen, kann ich nicht besser zusammenfassen, als in die Worte des römischen Dichters: «Exoriare aliquis nostris ex ossibus ultor.» (Zu Deutsch: *Möge, wenn ich beseitigt werde, irgend ein Rächer und Nachfolger aus meinen Gebeinen auferstehen!*)

Möge mit meiner Person diese gewaltige und nationale Kulturbewegung nicht zugrundegehen, sondern die Feuersbrunst, die ich entzündet, weiter und weiter fressen, solange ein einziger von Euch noch atmet! [127]

Illustration zu Isidor Mommas Pamphlet. Links: Lassalle, Mitte: Gräfin Hatzfeldt, rechts: ihr Sohn Paul

ALLES FLIESST

«Den in dieselben Flüsse Steigenden strömt immer anderes Wasser zu.»

Heraklit

Vom Ufer aus gesehen mag es im Lauf eines Flusses «Abschnitte» geben, vom Fluß aus gesehen gibt es sie nicht. Wohl kann der Fluß, je nachdem, was ihm auf seinem Weg durch die Landschaft begegnet, seine Richtung ändern, und er kann auch nach der einen oder anderen Änderung seines Laufs die alte Richtung wieder aufnehmen, aber es ist immer, es bleibt immer derselbe Fluß.

Bevor Lassalle mit 20 Jahren Advokat der Gräfin Hatzfeldt wurde und mit 22 Jahren Revolutionär an der Seite von Karl Marx, war er schon mit sechzehn Jahren Philosoph gewesen. Mit 26 Jahren nimmt nun der Fluß, den wir «Lassalle» nennen, die alte, die philosophische Richtung wieder auf. Aber im Laufe der vorhergehenden zehn Lebensjahre hat sich nicht nur die Landschaft erheblich verändert, sondern im Durchqueren der Landschaft auch der Fluß. Was ihm einmal zugeflossen war, war ja nicht verloren, sondern blieb in ihm erhalten, war in ihm «aufgehoben».

Die Richtungsänderungen waren niemals abrupt. Der Revolutionär führte – selbst vom Gefängnis aus – die Prozesse der Gräfin Hatzfeldt weiter, und der Advokat der Gräfin sprach weiterhin zu den Arbeitern von der Revolution. Vom 1. April 1851 an, dem Tag, an dem er sechs Monate Gefängnis wegen «Aufreizung zum gewaltsamen Widerstand gegen Staatsbeamte» abgebüßt hatte, gewann die Liebe zur Philosophie wieder Macht über ihn, bewegte sich sein Leben in einer neuen, in der «alten» Richtung.

In Berlin hatte die Philosophie Hegels aus Lassalle einen neuen Menschen gemacht, und nach Berlin richteten sich jetzt seine nach neuen Ufern spähenden Blicke. In Berlin hatte er sein Buch über *Herakleitos den Dunklen von Ephesos* begonnen, und in Berlin wollte er es jetzt vollenden. Mit der Fackel Hegels in der Hand wollte er Licht in die dunkle Philosophie Heraklits bringen und sich mit einer solchen Leistung – an der viele große Gelehrte vor ihm gescheitert waren – einen Platz in der wissenschaftlichen Welt erobern. Aber auch auf diesem Platz wollte er nicht ausruhen, nicht zum Lorbeer bekränzten Denkmal seiner selbst erstarren. Für einen Fluß gibt es kein Ausruhen, kein Erstarren. Von der neu eroberten Position wollte er sich unter besseren Voraussetzungen und mit besseren Waffen von neuem in den politischen Kampf stürzen. Die Wissenschaft, die Philosophie waren ihm nicht Selbstzweck, sondern Fortsetzung der Revolution mit anderen Mitteln.

Aber Lassalle unterlag nicht der Versuchung so vieler Visionäre und Revolutionäre, über das ferner Liegende das Naheliegende, über dem letzten Ziel den nächsten Schritt zu vergessen. Allein der Tatsache, daß er beides war: Visionär und Realist, Theoretiker und Praktiker, verdankt er seine Erfolge, und allein aus dieser Tatsache läßt sich ein Anspruch herleiten, ihn auch heute noch politisch ernst zu nehmen. Bloße Idealisten und bloße Pragmatiker gibt es und gab es schon immer – mehr als genug.

War im April 1851 die letzte entscheidende Schlacht im Hatzfeldt-Prozeß noch «der nächste Schritt», so war es, nach dieser Schlacht, im August 1854, die Übersiedlung nach Berlin. Dem aber stand Lassalles Ruf entgegen. In den Akten der Düsseldorfer Polizei wurde er als «Hauptleiter der Umsturzpartei in der Rheinprovinz» geführt, und er selbst bezeichnete sich als den *Letzten der Mohikaner*, das heißt den letzten der Demokraten von 1848. Die anderen waren im Exil oder im Gefängnis. Drei Jahre dauerte Lassalles «Kampf um Berlin», und auch dann war die Erlaubnis, sich in der Hauptstadt des Königreichs Preußen niederzulassen, nur vorläufig. Das war im Frühjahr 1857. Zur gleichen Zeit war auch das Heraklit-Manuskript fertig. Die Nahziele waren erreicht, und die Fernziele, wissenschaftlicher Ruhm und politische Wir-

Schloß Calcum bei Düsseldorf

kung, waren am Horizont schon sichtbar. Der Fluß war in die neue Richtung eingebogen.

Aber innerhalb der großen Biegung gab es viele kleine Windungen des Flußlaufs. Auch sie gehören zu dem Bild von Lassalles Leben, «wie es wirklich gewesen», und auch sie hatten Folgen.

Lassalle konnte nicht ohne Kategorien, ohne Prinzipien, ohne Freundschaft, aber er konnte auch nicht ohne Frauen leben. Schon im Jahre 1847, wahrscheinlich während seines zweiten Aufenthalts in Paris, führte ihn sein periodischer, dann aber um so heftigerer Frauenhunger in die Arme einer Prostituierten, bei der er sich mit Syphilis ansteckte. Die Krankheit verlief in der ersten Zeit fast ohne Beschwerden und hatte erst im tertiären Stadium, nach dreizehn Jahren, ernste Folgen. 1860 zwang sie Lassalle zu einer längeren Kur in Aachen, wo man ihn mit Schwefel und Quecksilber «innerlich und äußerlich» gegen «Gicht» behandelte. Lassalle nannte seine Krankheit nie bei ihrem wirklichen Namen, aber er litt physisch wie psychisch unter ihr, und ohne Frage ist sie, neben den politischen Enttäuschungen, für seine Depressionen und für seinen labilen Sinneszustand in seinen letzten Lebensmonaten mitverantwortlich. Ob Lassalle selbst an die Diagnose «Gicht» glaubte, oder ob er ahnte, daß er mit demselben qualvollen Ende in der «Matratzengruft» rechnen mußte wie sein ehemaliger Freund Heine, den er 1855 noch einmal, ein Jahr vor seinem Tode, besuchte, bleibt ungewiß. Natur und Verlauf dieser Krankheit waren damals noch weitgehend unbekannt. Man glaubte, durch Bäder und andere Kuren eine Besserung erzielen zu können, und hielt sie im dritten Stadium nicht mehr für ansteckend. Daher sah man in dieser Spätform auch kein Hindernis für eine neue Verbindung, außerehelich oder ehelich. Lassalles Heiratspläne 1860 und 1864 sind also kein schlüssiger Beweis, daß er eine andere Ursache seiner Leiden als «Gicht» nicht für möglich hielt.

Sein Freund und Kampfgefährte, der Revolutionär und Sozialist Moses Heß, berichtet, daß der Arzt Dr. Gerhardy, der Lassalle auf seiner letzten Agitationsreise im Rheinland gegen Heiserkeit behandelte, bei der Nachricht von Lassalles Tod erklärt habe, dieser habe «sowieso nicht mehr lange leben können». Lassalle habe das nicht gewußt, und daher sei sein Duell auch kein «maskierter Selbstmord» gewesen, «aber doch wohl Vorwegnahme des Zusammenbruchs ein von der Macht des Unbewußten ‹gewollter› Tod»[128].

1855 bis 1857 unterhielt Lassalle ein Liebes- und Freundschaftsverhältnis mit der Tochter des internationalen Abenteurers, Diplomaten und Doppelagenten George Kindworth, Agnes Denis-Street. Er hatte mit ihr eine Tochter «Fernande», an der er, wie er der Gräfin Hatzfeldt schrieb, *ein Erziehungsmeisterstück* machen wollte, die aber, kaum ein Jahr alt, *am Zahnen* starb.[129] An die Möglichkeit eines Zusammenhangs ihres Todes mit Lassalles Krankheit dachte niemand.

Lassalle hatte vor und nach seiner Verbindung mit Agnes Denis-Street viele kürzere oder längere «Liaisons» mit Frauen aus allen Gesellschaftsschichten, aber keiner dieser Verbindungen entsprossen Kinder. Zwei Frauen machte er Heiratsanträge, der Russin Sophie Sontzeff, die ihn abwies, und der deutschen Diplomatentochter Helene von Dönniges, deren überschwengliches Ja und darauf folgendes, von den Eltern erzwungenes Nein ihn ins Verderben stürzte.

Nur knapp sieben Jahre, von seiner Ankunft in Berlin im Jahre 1857 bis zu seinem Duell-Tod in Genf im Jahre 1864, blieben Lassalle für sein eigentliches Lebenswerk: Seine philosophischen, politischen, dramatischen, ökonomischen Schriften, die Gründung der ersten deutschen Arbeiterpartei und eine unglaublich intensive Arbeiter-Agitation. Wie immer man zu dem Inhalt dieses Werkes stehen, was immer man über Lassalles Programm und letzte Ziele denken mag, als Leistung eines einzigen menschlichen Willens ist dieses Werk überwältigend.

Im November 1858 erschien in Berlin im Verlag von Franz Duncker Lassalles philosophisches Hauptwerk: *Die Philosophie Herakleitos des Dunklen von Ephesos.* Das Buch öffnete ihm, wie er richtig vorausgesehen hatte, die Tore, zunächst des geistigen und dann auch, wenn auch nur spaltbreit, die des politischen Zentrums von Preußen, der Hauptstadt Berlin.

Daß die Wahl des Berlin-Stürmers gerade auf Heraklit fiel, hatte zwei einleuchtende Gründe. Einmal sah Lassalle in Heraklit einen geistigen Bruder Hegels. Und Hegel sah es ebenso: «Bei Heraklit ist also zuerst die philosophische Idee in ihrer speculativen Form ... Hier sehen wir Land; es ist kein Satz des Heraklit, den ich nicht in meine Logik aufgenommen.»[130]

Zum anderen mußte einen Mann wie Lassalle natürlich gerade die Schwierigkeit der Aufgabe reizen: Je höher das Hindernis, desto höher auch der Rang dessen, der es überwand. Heraklits sogenannte Aphorismen sind Bruchstücke einer höchst eigenwilligen, schon von den «Alten», auch von Sokrates, als «dunkel» bezeichneten Philosophie. Lassalle kennzeichnet diese Philosophie in dem Vorwort zu seinem *Heraklit* folgendermaßen: *Der Begriff des Werdens, der Identität des*

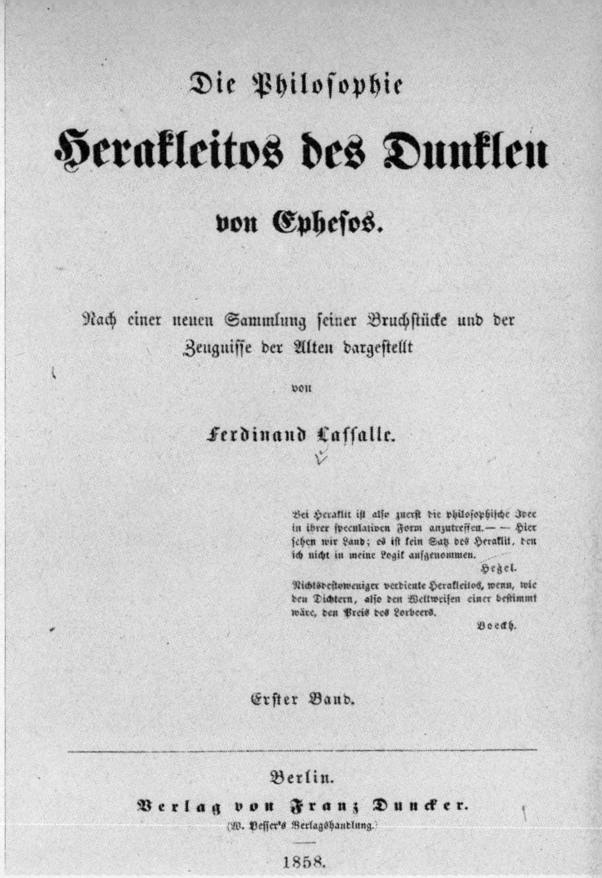
Die Philosophie

Herakleitos des Dunklen

von Ephesos.

Nach einer neuen Sammlung seiner Bruchstücke und der Zeugnisse der Alten dargestellt

von

Ferdinand Lassalle.

Bei Heraklit ist also zuerst die philosophische Idee in ihrer speculativen Form anzutreffen. — — Hier sehen wir Land; es ist kein Satz des Heraklit, den ich nicht in meine Logik aufgenommen.

Hegel.

Nichtsdestoweniger verdiente Herakleitos, wenn, wie den Dichtern, also den Weltweisen einer bestimmt wäre, den Preis des Lorbeers.

Boeckh.

Erster Band.

Berlin.

Verlag von Franz Duncker.

(W. Besser's Verlagshandlung.)

1858.

großen Gegensatzes von Sein und Nichtsein ist das göttliche Gesetz. Die Natur selbst ist nur die verkörperte Verkündigung dieses, ihre innere Seele bildenden Gesetzes von der Identität des Gegensatzes. Der Tag ist nur diese Bewegung: sich zur Nacht zu machen, die Nacht nur dies: zum Tag zu werden, der Sonnenaufgang ist nur ein ununterbrochener Niedergang ... dieser versöhnte Widerspruch, das daseiende Nichtsein, ist der Kern und die ganze Tiefe seiner Philosophie. Man kann vorläufig sagen, daß diese in dem einzigen Satz besteht: Nur das Nichtsein i s t.[131]

Nur das Nichtsein ist, denn alles andere ist Nicht-mehr- oder Noch-nicht-sein. Doch wo findet der Mensch einen Halt in einer solchen, sich ewig wandelnden, ihn selbst unablässig mit verwandelnden Welt? Wenn nur das Nichtsein ist, kann es dann ein Sittengesetz, eine Ethik geben? Lassalles Antwort lautet: *Heraklits Ethik faßt sich in dem einen Gedanken zusammen, der zugleich der ewige Grundbegriff des Sittlichen selbst ist: «Hingabe an das Allgemeine» ... Wie in der Hegel-*

Alexander von Humboldt

schen Philosophie die Gesetze gleichfalls aufgefaßt werden als die Realisation des allgemeinen substanziellen Willens, ohne daß bei dieser Bestimmung im geringsten an den formellen Willen der Subjekte und deren Zählung gedacht wird, so ist auch das Allgemeine Heraklits gleich sehr von der Kategorie der empirischen Allheit entfernt . . . Sein «Allgemeines» ist nicht ein aus der Übereinstimmung Aller Resultierendes, sondern das Eine an und für sich Allgemeine, die wahre Objektivität des, der ihm allein ist und durch den allein alles Andere sein Dasein hat.[132]

Inwieweit Heraklit hier noch Heraklit und nicht schon Hegel oder Lassalle ist, ist eine Frage an die Altphilologen, und auch sie werden sie beim besten und ehrlichsten Willen zu absoluter Objektivität niemals anders beantworten können als vom eigenen Standpunkt, als aus eigener Sicht.

Die zeitgenössischen Fachgelehrten sparten nicht mit ihrem Lob. Alexander von Humboldt, der Lassalle schon als jungen, vorwitzigen Studenten kennen- und bewundern gelernt hatte, dankte ihm für das «wichtige und echt philosophische Werk»[133]. Zugleich ebnete er ihm die Wege in die exklusive «Berliner Philosophische Gesellschaft».

Der Geschichtswissenschaftler und Philologe August Böckh schrieb an Lassalle: «Ich habe mich überzeugt, daß das Werk mit der umfassendsten Gelehrsamkeit und ebenso mit spekulativem Sinn und der gründlichsten philologischen Erwägung verfaßt und ein in seiner Art einzigartiges ist... Ihre allgemeine Darstellung des Grundgedankens und Systems des Heraklit [ist] vollkommen überzeugend und lichtvoll.»[134]

Ganz anders urteilte Marx in einem Brief an Engels: «‹Der Herakleitos der Dunkele› von Lassalle dem Hellen ist au fond ein sehr läppisches Machwerk. Und was dieser ‹Schulbub› in zwei Bänden detailliert ausführt, hätte natürlich in zwei Druckbogen vollständig genügend... geschehen können.»[135]

War der *Heraklit* revolutionär in dem Sinne, daß hier eine völlig neue Deutung eines bisher für undeutbar gehaltenen oder in einem anderen, traditionellen, Geist gedeuteten Philosophen des Altertums unternommen wurde, so war Lassalles zwei Jahre später erschienenes Werk *Das System der erworbenen Rechte* revolutionär auch im politischen Sinne.

Er selbst sagt von seinem *System*, er habe damit die *feste Burg eines wissenschaftlichen Rechtssystems für Revolution und Sozialismus in seinem besten und erhabendsten Sinne zu erbauen gesucht, aus welcher Burg wir dann die weiteren Ausfälle auf die einzelnen Dörfer machen können*[136]. Die Ausfälle richten sich vor allem gegen den bürgerlichen Eigentumsbegriff, in dem Lassalle das Haupthindernis sieht auf dem Wege der Menschheit zu einer gerechteren Gesellschaft und schließlich – am Ende einer solchen Revolution des Menschengeistes, oder auch Weltgeistes – einem *Reich des Freien Geistes*. Ein Kernsatz des *Systems der erworbenen Rechte* lautet: *Jeder große Kulturfortschritt besteht in einer Verminderung des Eigentumsumfangs!*[137]

Aber der Mensch kann die Fesseln des Eigentums nicht abschütteln, ohne zuvor den Eigentumsbegriff (im Kapitalismus) auf die Spitze getrieben und damit zugleich überwunden zu haben. Die jeweils geltenden Gesetze können diese Entwicklung verzögern und hemmen, verhindern oder umkehren können sie sie nicht: *Es läßt sich vom Individuum kein Pflock in den Rechtsboden schlagen und sich mittels desselben für selbstherrlich für alle Zeiten und gegen alle künftigen und zwingenden oder prohibitiven d. h. allgemeine Verbote aussprechende Gesetze erklären.*[138]

Über die Schwierigkeit, dem «Rechte, das mit uns geboren» gegenüber den sich «wie eine ew'ge Krankheit» forterbenden Gesetzen und Rechten[139] zum Siege zu verhelfen, ist sich Lassalle durchaus im klaren: *Das zur allgemeinen Anerkennung und äußeren Geltung gelangte Prinzip ist das – Recht... Das Recht ist aber zugleich der verwirklichte Ausdruck der alten Gesellschaft und ihres Prinzips. Das Gesetz steht daher überall der neuen Wahrheit entgegen, und ebenso sind die Rechtsprecher die Vertreter und Wächter der alten Wirklichkeit in der Gesellschaft. Es ist also in dem Kampfe der freien Persönlichkeit der absolute Widerspruch vorhanden, daß sie die alte Welt bei der alten Welt selbst verklagt. Sie kann also bei der alten Wirklichkeit, welche dem Gesetz der Selbsterhaltung folgt, unmöglich gegen sie selber Recht erlangen.*[140]

Den allerältesten Zankapfel der Rechtsphilosophen, den Konflikt zwischen Naturrecht und positivem Recht, pflückt Lassalle mit kühner Hand vom Baum der Erkenntnis, obwohl er selbst nicht «zur Zunft» gehört.

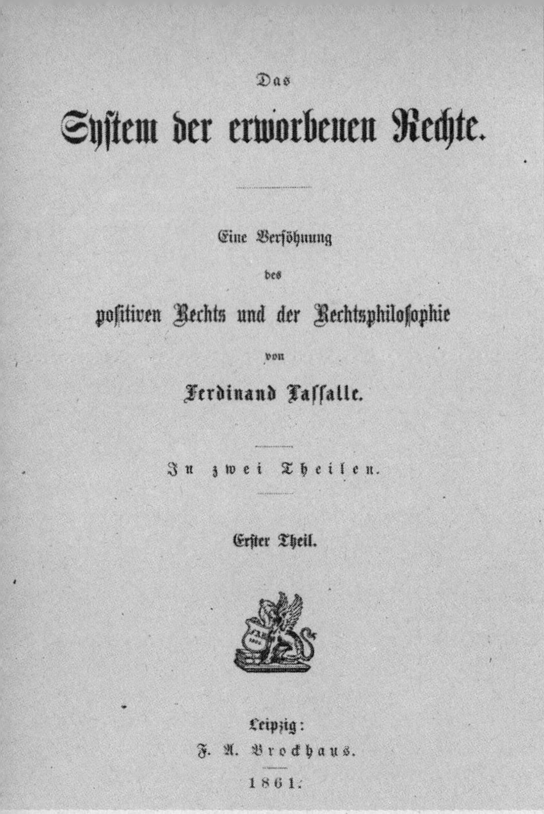
Das

System der erworbenen Rechte.

Eine Versöhnung

des

positiven Rechts und der Rechtsphilosophie

von

Ferdinand Lassalle.

In zwei Theilen.

Erster Theil.

Leipzig:

F. A. Brockhaus.

1861.

Dazu sein Freund, der radikale Demokrat und Steuerverweigerer von 1848, Franz Wilhelm Ziegler: «Alles, was ich früher über den Gegenstand gedacht oder vielmehr geduselt, lösen Sie so leicht wie die Schleife des Halstuches, und so steht endlich klar vor mir, was ich über das Naturrecht und die Hegelsche Rechtsphilosophie immer dunkel geahnt.»[141]

Kritischer und zugleich präziser ist das Urteil des großen Nationalökonomen Johann Karl Rodbertus: «. . . es ist unleugbar, daß erst Ihr Werk alle Schwierigkeiten der Frage herausgekehrt und damit der Wissenschaft den größten Dienst geleistet hat. Aber ich glaube nicht, daß Sie selbst schon darin das letzte Wort gesprochen. Ich möchte sogar behaupten, daß dies erst wird geschehen können, wenn wir eine ‹allgemeine vergleichende Physiologie des sozialen Lebens› besitzen.»[142]

Wir dürfen uns Lassalle in Berlin nicht als weltfernen, ständig über Bücher und Manuskripte gebeugten Gelehrten vorstellen, sondern eher als Dandy und Lebemann. Sein gesellschaftliches Leben in dem damals sehr geselligen Berlin war so intensiv, daß man kaum begreift, wie er noch für seine «Schreibtischarbeit» Zeit fand. Es war, als verfügte er über zwei Leben, aber er brannte auch seine Kerzen an zwei Enden.

Von seinen Menus und von seinem Weinkeller, von seinen Soireen und literarischen Abenden sprach man bald in den «Salons» von Berlin. An diesem Leben und an seinen gesellschaftlichen Erfolgen wollte Lassalle auch die Gräfin Hatzfeldt teilhaben lassen. Er schrieb ihr im Frühjahr 1858: *Ich gab nämlich ein ä u ß e r s t glänzendes Souper, glänzend sowohl nach den dabei entwickelten materiellen Genüssen als nach der höchst gewählten Gesellschaft. Es war da Varnhagen von Ense mit seiner Nichte, Fräulein Ludmilla Assing, der alte Böckh, Professor Michelet mit seiner Frau, Adolf Stahr, dessen Frau* (Fanny Lewald) . . . *Wir tranken fünf Flaschen Bordeaux, vier Flaschen Steinberger Kabinett und acht Flaschen Champagner, also siebzehn Flaschen auf dreizehn Personen . . . Es gibt niemand in Berlin, der Ihnen jetzt eine bessere zahlreichere und glänzendere Gesellschaft zu bieten vermöchte als ich.*[143]

Doch die preußische Polizei hatte sowohl sittliche wie politische Bedenken gegen die Wiedervereinigung der beiden von Skandal und Revolution umwitterten rheinländischen Revolutionäre. Sie war froh, sie einstweilen – Lassalle in Berlin, die Gräfin in Düsseldorf – getrennt zu haben. Es bedurfte der förmlichen Versicherung, daß ein gemeinsamer Haushalt nicht geplant sei, um schließlich auch der Gräfin die Übersiedlung nach Berlin zu gestatten. Kurz vorher hatte Lassalle in der Bellevuestraße *für fünfhundert Reichstaler* eine neue Wohnung gemietet. Er schrieb darüber im Januar 1859 an die Freundin: *Vier große Salons, die ineinandergehen in einer Suite. Erst ein immenser blauer Salon, Boiserie, vergoldete Plafonds usw., dann Speisesaal, wo ich dreißig Personen setzen kann, und prachtvoll dekoriert. Dann großes Bibliothekzimmer, dann kleineres Arbeitszimmer, dessen Glasfenster auf ein Treibhaus stoßen, so daß ich stets die Palmen vor mir habe . . . Seitwärts Schlafzimmer. Im Souterrain Küche, Keller, Dienerwohnung. Ich kann, wenn ich will, hundert Personen bei mir sehen. Sie glauben vielleicht, daß ich verrückt bin. Ach nein. Ich denke nur, daß ich nur einmal lebe und daher mir nichts abgehen lassen will.*[144]

Karl Marx wohnte hier im April 1861 elf Tage lang als Lassalles Gast. Man versteht, daß er sich nicht wohl fühlte. Lassalles «bourgeoiser Luxus», der so sehr von Marx' eigenen Lebensumständen abstach, schuf keine gute Atmosphäre für die Gespräche über die Gründung einer Zeitung. Das Projekt scheiterte endgültig an der Forderung Lassalles, daß seine Stimme in der Redaktion ebensoviel Gewicht haben müsse wie die von Marx und Engels.

Die gesellschaftlichen Erfolge des «Kassettendiebs», «Revoluzzers» und «Parvenüs», oder wie man Lassalle sonst noch in den konservativen, vor allem adligen Salons Berlins zu titulieren pflegte, reizten einen gewissen Herrn Fabrice, einen Militärbürokraten mit Majorsrang, derart, daß er Lassalle wegen eines «ironischen Lächelns» erst auf Säbel forderte, und als Lassalle als «prinzipieller Duellgegner» (!) diese Forderung ablehnte, ihn gemeinsam mit einem Komplicen im Tiergarten tätlich angriff. Mit dem Ruf «Verfluchter Judenjunge» schlug Fabrice mit einer Reitpeitsche auf Lassalle ein, der sich mit seinem Spazierstock so erfolgreich wehrte, daß Fabrice eine blutende Wunde an der Stirn und sein Komplice erhebliche blaue Flecken davontrug. Ein

Lassalle

Schutzmann machte der Prügelei schließlich ein Ende. Die «Nationalzeitung» schloß ihren Bericht über den Vorfall mit den Worten: «Ein derartiger Anfall zu Zweien gegen Einen ist in der Geschichte ähnlicher Händel wohl unerhört. Es steht zu erwarten, daß die strengste gerichtliche Verfolgung diesen brutalen und mit Vorbedacht ausgeführten Überfall gebührend zu strafen wissen wird.»[145]

Fabrice kam zwar tatsächlich vor ein militärisches Disziplinargericht und wurde zu einem Jahr Festung verurteilt, aber auch der Überfallene wurde bestraft. Er mußte wegen «Erregung öffentlichen Aufsehens» Berlin verlassen. Er setzte gegen diesen Ausweisungsbefehl alle Hebel in Bewegung und schrieb sogar einen Brief an den Kronprinzen, den von 1848/49 her unrühmlich bekannten «Kartätschenprinzen». Viele aufrechte Demokraten haben Lassalle diesen Bittgang zu dem Hohenzollernprinzen übelgenommen. Als der Prinz aber schließlich Regent wurde (im Oktober 1858), handelte er in den ersten Jahren seines Regiments weniger reaktionär als sein inzwischen für geisteskrank erklärter Vorgänger auf dem Thron. Im November 1859 erhält Lassalle schließlich das endgültige Berliner Bürgerrecht. Im gleichen Monat nimmt sich auch die Gräfin Hatzfeldt, getrennt von Lassalle, in Berlin eine Wohnung.

Zwischen dem *Heraklit* (1858) und dem *System der erworbenen Rechte* (1861) unternahm Lassalle seinen ersten und einzigen Ausflug in die dramatische Poesie. Im Februar 1859 erschien sein Drama *Franz von Sickingen. Eine historische Tragödie.* Das Scheitern der Revolution von 1848 hatte seinen Blick auf eine andere mißlungene deutsche Revolution, die Ritter- und Bauernkriege der Reformationszeit, gelenkt: *Es hätte zunächst als das Einfachste und Angemessenste erscheinen können, die Gedanken und die abweichenden Auffassungen im einzelnen, mit denen mich das Studium jener Zeit erfüllt hat, in ein gelehrtes Werk niederzulegen. Jedenfalls wäre dies das für mich Leichtere gewesen. Aber ich wollte hierbei nicht ein Werk schreiben, das nur für den Bücherschrank des Gelehrten vorhanden wäre ... Ich wollte, wenn möglich, diesen kulturell-historischen Prozeß noch einmal in bewußter Erkenntnis und leidenschaftlicher Ergreifung durch die Adern alles Volkes jagen. Die Macht, einen solchen Zweck zu erreichen, ist nur der Poesie gegeben – und darum entschloß ich mich zu diesem Drama.*[146]

Sickingen ist für Lassalle weniger Person als Symbol des Scheiterns an dem Konflikt zwischen einem großen Ziel und nicht genügend großen, nicht genügend kühnen Mitteln. Der zweite Held des Dramas, Ulrich von Hutten, ist Lassalle selbst: *Lesen Sie mein Trauerspiel. Alles was ich Ihnen hier sagen könnte, habe ich Hutten aussprechen lassen ... Ich habe aus ihm den Spiegel meiner Seele gemacht.*[147]

Alle Versuche Lassalles, sein Stück auf die Bühne zu bringen, scheiterten, und zwar weniger wegen seines revolutionären Inhalts als wegen seiner dramaturgischen Schwächen. Trotz einzelner, höchst dramatischer Szenen, zum Beispiel der Dialog zwischen Sickingen und Kaiser Karl V. im zweiten Akt, ist dieses politisch-philosophische Trauerspiel mehr ein Lese- als ein Bühnenstück.

Karl Marx lobte zunächst den Gedanken Lassalles, die «tragische

Kollision, woran die revolutionäre Partei von 1848/49 untergegangen ist», zum «Drehpunkt einer modernen Tragödie zu machen», tadelt aber die Verteilung der Gewichte zwischen den Rittern einerseits und den Bauern und Bürgern andererseits: «Die adligen Repräsentanten der Revolution . . . durften dann nicht so alles Interesse absorbieren, wie sie es bei Dir tun, sondern die Vertreter der Bauern . . . und die revolutionären Elemente in den Städten mußten einen ganz bedeutenden aktiven Hintergrund bilden.»[148]

Lassalle hält diesen Vorwurf für unberechtigt. Vor allem im Hinblick auf den Schluß des Dramas: Ulrich von Hutten beklagt den Tod Sikkingens und prophezeit den Bauernkrieg:

Zusammenbricht mit diesem einen Mann das deutsche Vaterland.
In Scherben liegen die Hoffnungen, für welche wir gelebt.
Machtlos mit seinem Tod, weicht bang zurück der Adel,
Wirft ans Fürstentum sich hin, das um sich greifend
Unser Reich zerreißt; zu seinem Schranzen
Sinkt er schnell herab!
Der Bauer nur bleibt treu dem großen Zweck,
Er greift zum Schwert,
Doch auf sich selbst beschränkt, schleppt er zur
Metzgerbank nur seinen Leib.[149]

Aber eines sieht Marx richtiger als Lassalle und auch als die meisten Kritiker des *Franz von Sickingen.* Er erkennt, daß die Hauptschwäche des Stücks nicht in der Dramaturgie liegt (dies Hindernis ließe sich mit Hilfe geschickter Regie überwinden), sondern in der Idee. Lassalle zeigt, wie eine Revolution scheiterte und unter der Einwirkung der «Klassenlage» des Helden scheitern mußte. Aber er zeigt nicht, wie sie hätte siegen können. Hier ist der Philosoph Lassalle konsequenter als der Dichter Lassalle. Denn: Niederlagen kennen nur die in die Flüsse steigenden Menschen, nicht die Flüsse selbst. Und auch derjenige Sterbliche kennt sie nicht, der sich völlig eins weiß mit der ewigen Bewegung des «allgemeinen Geistes» der Geschichte. *Franz von Sickingen* ist wirklich ein Drama Lassalles. Es ist das Drama seines Scheiterns entgegen seiner eigenen tieferen philosophischen Einsicht – an seiner größten Schwäche: Ungeduld.

Der «Kartätschenprinz» Friedrich Wilhelm, später Kaiser Wilhelm I.

STAATSKUNST, STAATSMACHT UND STAATSWISSENSCHAFT

«Der Krieg ist der Vater aller Dinge und der König aller. Die einen macht er zu Göttern, die anderen zu Menschen, die einen zu Sklaven, die anderen zu Freien.»

Heraklit

Für Lassalle war die Einigung Deutschlands wichtiger als der Frieden. Insofern war er mit Bismarck einer Meinung. Aber wichtiger als Frieden und Einheit war für Lassalle die Revolution. Insofern waren er und Bismarck unversöhnliche Gegner. So unversöhnlich, daß sie den Wunsch haben mußten, sich kennenzulernen, um einander besser – durchschauen zu können.

Der Feind Nr. 1 war für Bismarck und Lassalle Österreich. Aber für Bismarck bedeutete «Österreich» habsburgisches Machtstreben auf Kosten des preußischen Machtstrebens. Für Lassalle bedeutete «Österreich» Metternich und Reaktion. Aber im Wege stand Österreich beiden, und damit war die Grundlage geschaffen für ein taktisches und vorläufiges Bündnis.

Der Feind Nr. 2 war für Bismarck Frankreich. Für Lassalle nur das gegenrevolutionäre Frankreich Napoleons III. Im französischen Volk sah er so wenig einen Feind wie in dem österreichischen. Aber auch hier war zwischen Lassalle und Bismarck ein Bündnis möglich. Ein Bündnis des Inhalts, daß es ratsam sei, dem Feind Nr. 2 gegen den Feind Nr. 1 den Rücken zu stärken. Die Gelegenheit dazu ergab sich, als Napoleon III. in dem Freiheitskampf Garibaldis gegen Österreich Partei ergriff und, in einem verzweifelten Versuch, es wenigstens in dieser Hinsicht seinem großen Oheim gleichzutun, in die Lombardei einmarschierte. Dabei hatten Bismarck und Lassalle alle deutschen Franzosenfresser und alle Großdeutschland-Schwärmer gegen sich. Aber nicht nur sie, sondern auch die europäischen Revolutionäre, an der Spitze Marx und Engels.

Hatte Louis-Napoléon nicht die «2. Revolution», die der Arbeiter gegen die Bürger, im Juni 1848 blutig erstickt? Hatte er nicht sogar schon längst die errungenen bürgerlichen Freiheiten, Meinungsfreiheit, Versammlungsfreiheit, wieder eingeschränkt und das im März 1848 verkündete allgemeine gleiche Wahlrecht wieder abgeschafft? Klebte an seinen Händen nicht das Blut von vielen Tausenden von Demokraten und Revolutionären? Und hatte er sich nicht, den republikanischen Zeitgeist offen herausfordernd und verhöhnend, den Purpur seines kaiserlichen Onkels umgehängt? All das mußte einen echten europäischen Revolutionär aufs äußerste empören, mußte ihn in diesem Diktator mit Cäsarenwahn den Hauptfeind sehen lassen.

Aber nun – im Frühjahr 1859 – unterstützte der französische Usurpator die italienischen Revolutionäre. War es auch jetzt noch möglich, war es auch jetzt noch k l u g, ihn als den Hauptfeind der Freiheit in Europa anzuprangern?

Lassalle sagte entschieden Nein. Aber Marx und Engels mahnten zur Zurückhaltung und ziehen Lassalle, der sich nicht zurückhalten ließ, des «Bruchs der Parteidisziplin». Lassalle ergriff leidenschaftlich Partei für die Freiheitskämpfer in der Lombardei, mochten es nun Italiener oder Franzosen sein, und gegen das reaktionäre habsburgische Österreich. Damit ergriff er zugleich auch Partei gegen die große Mehrheit aller nationalen und liberalen Deutschen, die bereits einen neuen Napoleon über den Rhein marschieren sahen und die am liebsten die Glocken von 1813 zu einem neuen Krieg gegen den französischen «Erbfeind» geläutet hätten. Mitten in diese Situation, in diese Stimmung hinein platzte Lassalles Schrift *Der italienische Krieg und die Aufgabe Preußens*. Sie war gerichtet an den König von Preußen und seine Ratgeber, unter ihnen besonders den gerade vom Frankfurter Bundestag an den Hof in St. Petersburg versetzten preußischen Gesandten Otto von Bismarck, der wegen seiner «anti-österreichischen Haltung» bekannt war, und an die deutsche öffentliche Meinung.

Wenn jetzt ein Friedrich der Große auf dem preußischen Thron säße, so kann wenig Zweifel sein, welche Politik er befolgen würde. Er würde erkennen, daß jetzt der Moment gekommen sei, den deutschen Einheitsbestrebungen endlich Ausdruck zu verleihen. Er würde erkennen, daß selbst das Kriegsgeschrei nur die in verkehrter Form sich äußernde Wirkung des deutschen Einheitstriebes, dieses zu allen Poren der Nation

Prinz Louis-Napoléon

ausbrechenden nationalen Dranges ist ... Revidiert Napoleon die europäische Karte nach dem Prinzip der Nationalitäten im Süden, gut, so tun wir dasselbe im Norden. Befreit Napoleon Italien, gut, so nehmen wir Schleswig-Holstein ... Und möge die Regierung dessen gewiß sein: In diesem Kriege, der ebenso sehr ein Lebensinteresse des deutschen Volkes als Preußens ist, würde die deutsche Demokratie selbst Preußens Banner tragen ... Wenn Preußen zaudert und nichts tut, so wird damit nur aber und aber bewiesen sein, daß die Monarchie in Deutschland einer nationalen Tat nicht mehr fähig ist.[150]

In diametralem Gegensatz hierzu vertrat Friedrich Engels in seiner Schrift «Po und Rhein» den Standpunkt, daß eine Unterstützung der Einmischung Napoleons in den italienischen Krieg der deutschen Einheit nicht förderlich sei und daß der Sturz Napoleons für einen europäischen Revolutionär nach wie vor den Vorrang haben müsse, während Bismarcks Gedanken – zum mindesten, was Österreich betraf – sich mit denen Lassalles weitgehend deckten:

«Mein Gedanke war, immerhin zu rüsten, aber zugleich Österreich ein Ultimatum zu stellen, entweder unsere Bedingungen in der deutschen Frage anzunehmen oder unseren Angriff zu gewärtigen. Aber die Fiktion einer fortdauernden Hingebung für ‹Deutschland› nur in Worten, nie in Taten ... dazu die damals gang und gäbe Phraseologie der Parlamente, der Vereine und der Presse, erschwerten es dem Regenten, die Lage nach seinem eigenen klaren und hausbacknen Verstande zu prüfen, während sich in seiner politischen und persönlichen Umgebung niemand befand, der ihm die Nichtigkeit des ganzen Phrasenschwindels klar gemacht und ihm gegenüber die Sache des gesunden deutschen Interesses vertreten hätte.»[151]

Otto von Bismarck als preußischer Ministerpräsident, 1862

Ob Bismarck Lassalles *Italienischen Krieg* kannte, als er diese Überlegungen anstellte, wissen wir nicht. Seine eigenen Aufzeichnungen geben darüber keinen Aufschluß. Vergessen dürfte er ihn kaum haben, denn er diktierte seine «Gedanken und Erinnerungen» (in denen der Name Lassalles nicht vorkommt) dem Mann, der einst Lassalles engster Vertrauter gewesen war: Lothar Bucher.[152] In seiner Reichstagsrede vom 17. September 1878, in der er einen Angriff August Bebels auf das «Sozialistengesetz» parierte, konnte sich Bismarck sehr gut an Lassalle erinnern. Aber er deckte auch bei dieser Gelegenheit seine Karten nicht um Haaresbreite weiter auf, als es ihm ins Konzept paßte. Bismarck war ein Meister homöopathisch dosierter Wahrheit:

Lassalle «hatte nichts, was er mir als Minister hätte geben können. Was er hatte, war etwas, was mich als Privatmann außerordentlich anzog: er war einer der geistreichsten und liebenswürdigsten Menschen, mit denen ich je verkehrt habe, ein Mann, der ehrgeizig im großen Stil war, durchaus nicht Republikaner; er hatte eine sehr ausgeprägte nationale und monarchische Gesinnung. Seine Idee, der er zustrebte, war das deutsche Kaisertum, und darin hatten wir einen Berührungspunkt. Lassalle war ehrgeizig im hohen Stil, und ob das deutsche Kaisertum gerade mit der Dynastie Hohenzollern oder mit der Dynastie Lassalle abschließen solle, das war ihm vielleicht zweifelhaft [große Heiterkeit] – aber monarchisch war seine Gesinnung durch und durch.»[153]

Der kokette, ironische Ton, in dem Bismarck Bebel antwortet, sollten dem Bekanntwerden der bis dahin geheimgehaltenen Gespräche zwischen dem preußischen Ministerpräsidenten und dem Arbeiteragitator die sensationelle Wirkung nehmen und auch die Nachwelt davon abhalten, in diesen Gesprächen der Jahre 1863 und 1864 mehr zu sehen als eine amüsante Plauderei.

In Wahrheit prallten hier zwei grundsätzlich verschiedene Auffassungen von Politik aufeinander, was nur deshalb nicht zu dramatischen Auftritten führte, weil die beiden Antagonisten so wohlerzogen und zu schlau waren. Man unterhielt sich über das allgemeine, freie und gleiche Wahlrecht, über Produktionsgenossenschaften der Arbeiter mit Staatskredit und über ein «soziales Königtum». Von einer «Dynastie Lassalle» war selbstverständlich nicht – nicht einmal im Scherz – die Rede. Doch hinter all diesem Geplänkel im Vorfeld stand, beiden bewußt, aber von keinem direkt ausgesprochen, ein unüberbrückbarer Gegensatz zwischen Bismarcks «Kunst des Möglichen» und Lassalles *Wissenschaft des Notwendigen*. Die «Kunst des Möglichen» genügte, um den «Mantel der Geschichte» zufällig einmal zu ergreifen, wenn er gerade vorüberwehte, nicht aber, um vorherzusehen und vorauszusagen, von woher er kommt und wohin er geht, und ihn, wenn man ihn einmal ergriffen hat, auch festzuhalten.

Bismarck hat das geschichtlich Richtige und Notwendige gelegentlich genial getroffen, wie in seiner Rolle des «ehrlichen Maklers» zwischen den Großmächten im Westen und im Osten Deutschlands auf dem Berliner Kongreß von 1878 und in seinem «Rückversicherungsvertrag» mit Rußland. Ebenso oft oder öfter aber hat er sie fatal verfehlt, wie in der Lostrennung Elsaß-Lothringens von Frankreich und in dem Sozialistengesetz. Ohne Lassalles *Wissenschaft des Notwendigen* blieb Bismarcks berühmtes «Spiel mit den fünf Bällen»[154] notwendig eine – wenn auch noch so gekonnte – politische Akrobatik und erreichte nie die Stufe der Wissenschaft.

Aber Bismarck verfügte über etwas Wirksameres als Staatswissenschaft: er verfügte über Staatsmacht. Er konnte das ihm Mögliche auch t u n. Lassalle konnte nur vor dem Untunlichen warnen:

Die Franzosen würden in einem solchen vorzeitig und unzeitig unternommenen Angriff auf sie ... nur das offene Aufflammen eines deutschen Nationalhasses gegen sie ... erblicken können. Dann würde auch bei ihnen die Bestie des Nationalhasses mit funkelnden Augen auf die Bühne springen ... dann würden sie sich der strategischen Schwäche ihrer Nordgrenze erinnern, dann würde zum Schutze ihrer nationalen Stellung gegen den deutschen Nationalhaß das Verlangen nach dem Rheinufer wieder zu dem ganz Frankreich durchfliegenden Losungswort werden. Kurz, wir würden selbst alles das erst schaffen und erzeugen, was wir jetzt befürchten. – Und dann wären die finsteren mittelalterlichen Zeiten nationaler Exterminationskriege wieder heraufbeschworen und der Gang der Völkerentwicklung auf Dezennien vielleicht unterbrochen und dem Babarismus überliefert ...

Und so wenig wir ... in aller Zukunft je wieder ein deutsches Dorf an Frankreich verlieren werden, so unhistorisch und unmöglich wäre es, jene Provinzen von Frankreich wiedergewinnen zu wollen ... Sonst könnten, wie gesagt, wir von Frankreich den Elsaß, Slaven und Wenden von uns Schlesien, Preußen, die Elbufer wieder fordern.[155]

Nicht einen der hier aufgezählten Fehler haben spätere deutsche Regierungen, mit Bismarck angefangen, n i c h t begangen, und nicht eine der von Lassalle vorausgesagten Folgen ist ausgeblieben. Zufall oder Notwendigkeit? – Heute sind wir natürlich klüger. Sind wir heute klüger?

Bismarck selbst hat den so folgenschweren Fehler von 1871, «jene Provinzen von Frankreich wiedergewinnen zu wollen», eingesehen, versucht, aber die Verantwortung von sich auf seinen kaiserlichen Herrn und die Generale abzuwälzen. In einem Gespräch mit einem französischen Gesprächspartner gestand er: «... indem wir Euch Metz und einen Fetzen von Lothringen wegnahmen, begingen mein kaiserlicher Herr und die Militärs, die ihm diesen Entschluß eingaben, den ärgsten politischen Fehler.»[156] Doch warum duldete Bismarck diesen Fehler, warum drohte er nicht, genau wie 1866, als es darum ging, Österreich Gebiete wegzunehmen, mit dem Rücktritt?

Die Antwort muß lauten: Der Krieg gegen die österreichische «Brudernation» war nicht populär, der Krieg gegen den französischen Erbfeind dagegen war es. Bismarck wußte genau, wie gefährlich für die bestehende Ordnung unpopuläre – selbst siegreiche – Kriege sein können, und Lassalle wußte es auch. Er hat oft genug – in seiner Korrespondenz mit Karl Marx – darauf hingewiesen, daß nur unpopuläre Kriege der Revolution dienen, populäre dagegen der Reaktion.

Nur in einem populären Kriege gegen Frankreich ... sehe ich ein Unglück. In dem bei der Nation unpopulären Kriege aber ein immenses Glück für die Revolution ... Käme noch hinzu, daß dem Volk die Überzeugung beigebracht wird ... die Regierung führe diesen Krieg als einen nationalen, sie habe sich zu einer nationalen Tat erhoben, so solltet Ihr sehen, wie vollständig die Versöhnung würde und wie gerade bei Unglücksfällen das Band der «deutschen Treue» das Volk an seine Regierung binden würde.[157]

Der «Krieg gegen Rußland» wäre das populärste, alles hinreißende Feldgeschrei, das jemals in Deutschland erhoben worden ... die Regierung, die den Krieg gegen Rußland beginnen wird, wird auf lange Zeit das Schoßkind der Nation sein.[158]

1914 stimmte die Partei, die Lassalle gegründet hatte, mit einer Gegenstimme, der Stimme Karl Liebknechts, für die Kriegskredite und damit für den Krieg, weil dieser Krieg populär, weil es «ein Krieg gegen Rußland» war. Die Genossen waren also in 50 Jahren nicht klüger geworden. Sind sie heute, nach weiteren 60 Jahren, der Bahn, auf die Lassalle sie einst geführt hatte, ein wenig näher gekommen, ist ihre Politik «wissenschaftlicher» geworden? Es gibt seit einiger Zeit Anzeichen dafür. Hoffen wir, daß sie nicht trügen.

1871 erfüllte sich das oft zitierte und ebenso oft mißverstandene Wort Heraklits vom Krieg als dem «Vater aller Dinge». Den König von Preußen machte der Krieg zum Kaiser von Deutschland, den Kaiser von Frankreich zum Gefangenen in Kassel. Die Elsaß-Lothringer machte er zu «Sklaven Preußens», die Franzosen zu freieren Bürgern. Sogar den deutschen Reichstagswählern bescherte er das – von Lassalle so leidenschaftlich geforderte – allgemeine, freie und gleiche Wahlrecht.

Aber während Lassalle auf die «system-verändernde» Wirkung des «Vaters aller Dinge» vertraute, bauten seine Gegner felsenfest auf seine systemerhaltende Funktion. Am Vorabend eines preußischen Kronrats über die Ratsamkeit eines Krieges gegen Österreich schrieb Feldmarschall Edwin von Manteuffel an seinen König: «... das System, auf dem das europäische Gleichgewicht beruht, ist erschüttert oder eigentlich schon zusammengebrochen, revolutionäre Tendenzen haben Gewalt in allen Staaten, die Bewegungen gegen die Dynastie, die mit dem Jahre 1789 begonnen, finden Boden in einem großen Teile der Menschheit ... Die Krisen müssen in einem großen Europäischen Krieg oder in die gegenwärtigen Dynastien umwerfenden, socialistischen Revolutionen ihren Ausgang nehmen. Für die gesamte Menschheit ist da der Krieg die mildeste und günstigste Lösung.»[159] Natürlich nur der populäre Krieg, das hätte auch der preußische Feldmarschall zugegeben.

Nun sind aber Kriege nicht von ungefähr populär oder unpopulär, sondern werden dazu gemacht. Und wer macht einen an sich unpopulären, weil räuberischen, reaktionären und imperialistischen Krieg populär? Lassalles Antwort lautete: «die liberale Presse» oder die Liberalen und ihre Presse. Sein Konflikt mit den Liberalen, der «Fortschrittspartei», wie sie sich in Preußen nannten, und mit der Presse war unausweichlich.

Ursprünglich hatte er selbst der Fortschrittspartei nahegestanden. Es gab ja in Preußen keine andere «linke» Partei als die alten «Paulskirchen»-Liberalen. Sie gab es erst, nachdem Lassalle seine eigene Partei, den Allgemeinen Deutschen Arbeiter-Verein, am 23. Mai 1863 zu Leipzig gegründet hatte.

Dieser Parteigründung ging der Konflikt der Fortschrittspartei mit Bismarck, der sogenannte «Verfassungskonflikt», voraus und der Konflikt Lassalles mit den Fortschrittlern, der ihn zum erbitterten Feind der Liberalen und die Liberalen zu erbitterten Feinden Lassalles machte. Lassalle nahm es den Fortschrittlern keineswegs übel, daß sie es in der Abgeordnetenkammer des Preußischen Landtags über die Heeresvorlagen Bismarcks zum Konflikt mit der Regierung kommen ließen. Er nahm ihnen übel, daß sie es bei verbalen und papiernen Protesten bewenden ließen, als Bismarck, unter klarer Verletzung der Verfassung, die Heeresreform dennoch durchführte und sich die dazu nötigen Mittel selbst bewilligte.

In diesem Augenblick hätten sie, seiner Meinung nach, in den Verfassungs*streik* treten und die Abgeordnetenkammer verlassen müssen. Er redigierte zu diesem Zweck selbst ein Ultimatum an die Regierung, dem aber nur ein einziger liberaler Abgeordneter zustimmte; die ganze übrige Fronde gegen Bismarck gefiel sich weiterhin in – im doppelten Sinne des Wortes – «eitlen» Protesten.

Von der Fortschrittspartei bitter enttäuscht, wandte sich Lassalle in drei Vorträgen *Über Verfassungswesen* an die fortschrittlichen Bürger. Im ersten Vortrag machte er deutlich, was das überhaupt ist – eine Verfassung:

Gibt es denn nun aber etwas in einem Lande, meine Herren ... gibt es denn etwas in einem Lande, eine bestimmende tätige Kraft, welche auf alle Gesetze, die in diesem Lande erlassen werden, derart einwirkt, daß sie in einem gewissen Umfange notwendig so und nicht anders werden, wie sie eben sind? ... freilich ... gibt es so etwas, und dieses Etwas ist nichts anderes als die tatsächlichen Machtverhältnisse, die in einer gegebenen Gesellschaft bestehen ...

Sie sehen, meine Herren, ein König, dem das Heer gehorcht und die Kanonen – das ist ein Stück Verfassung!

... ein Adel, der Einfluß bei Hof und König hat – das ist ein Stück Verfassung.

... die Herren Borsig und Egels, die großen Industriellen überhaupt, die sind ein Stück Verfassung.

... die Bankiers Mendelsohn, Schickler, die Börse überhaupt – das ist ein Stück Verfassung.

... in gewissen Grenzen ist das allgemeine Bewußtsein, die allgemeine Bildung gleichfalls ein Stück Verfassung.

... daß in gewissen alleräußersten Fällen Sie alle (auch die Arbeiter, wenn man sie zu Leibeigenen machen wollte, würden sie auf die Straße gehen) ein Stück Verfassung sind ...

Diese tatsächlichen Machtverhältnisse schreibt man auf ein Blatt Papier nieder ... und wenn sie nun niedergeschrieben worden sind, so sind sie nicht nur tatsächliche Machtverhältnisse mehr, sondern jetzt sind sie auch zum Recht geworden, zu rechtlichen Einrichtungen, und wer dagegen angeht, wird bestraft ...

Eine wirkliche Verfassung hat jedes Land zu jeder Zeit gehabt ... ebenso notwendig, wie jeder Körper irgend eine Konstitution, eine gute oder eine schlechte, eine so oder so beschaffene hat. Denn in jedem Land müssen ja irgendwelche tatsächlichen Machtverhältnisse bestehen.

Verfassungsfragen sind ursprünglich nicht Rechtsfragen, sondern Machtfragen.[160]

Aber das Recht ist nicht ohnmächtig gegen die Macht. Es kann etwas tun. Was es tun kann, sagt Lassalle in seinem zweiten Vortrag über Verfassungswesen mit dem Titel *Was nun?*:

Die Kammer besitzt vielmehr ein Mittel von unwiderstehlicher Macht und Wirksamkeit ... es besteht darin, die Regierung zu zwingen, der Verhüllung zu entsagen und sich auch formell vor aller Welt als das zu zeigen, was sie ist: als absolute Regierung.

Die Kammer ... muß, und dies ist das unbedingteste Siegesmittel, aussprechen was ist.[161]

Im dritten «Vortrag» (in Wahrheit einer Reihe von nicht veröffentlichten Briefen an verschiedene Zeitungen) befaßt sich Lassalle noch einmal grundsätzlich mit dem Verhältnis von Macht zu Recht:

Und geht jetzt Recht vor Macht oder Macht vor Recht, wenn jetzt von neuem, wie die Kammer erklärt hat, die Verfassung von der Regierung gebrochen wird, die Regierung mit ruhigem Lächeln ihre Maßregeln aufrecht erhält und die Kammer trotzdem sich hierein ergibt und der Regierung durch ihr Forttagen den Schein einer konstitutionellen verleiht? ...

Den theoretischen Untersucher der Geschichte aber kümmert nur, was objektiv ist und die Entdeckung der Gesetze, die dies bestimmen, nicht was sein soll ...

Herr von Bismarck bestätigt das, was ich historisch als die Natur der Wirklichkeit aufgezeigt habe. Aber ich habe keine ethische Vorschrift für das Handeln hierin gegeben, der Herr von Bismarck folgen könnte.[162]

Lassalles Appelle an die liberale Öffentlichkeit blieben ohne Widerhall, weil ihm, nach seinem Bruch mit der «Fortschrittspartei», auch die liberalen Blätter ihre Spalten verschlossen. In der erzkonservativen «Kreuzzeitung» konnte er jetzt noch eher zu Wort kommen als in der «Berliner Reform», der «Nationalzeitung» oder der «Volkszeitung» seines ehemaligen Verlegers und ehemaligen Freundes Franz Duncker. Seinen ganzen Groll gegen die *zu einem ganz gemeinen, ordinären Geldgeschäfte* gewordene Presse entlud er in seiner Rede *Die Feste, die Presse und der Frankfurter Abgeordnetentag*: Wenn nicht eine totale *Umwandlung unserer Presse eintritt, wenn diese Zeitungspest noch fünfzig Jahre so fortwütet, so muß dann unser Volksgeist verderbt und zugrunde gerichtet sein bis in seine Tiefen.*[163]

Der Wald, in den Lassalle in solcher Weise hineinrief, blieb ihm die Antwort nicht schuldig. Der Bruch zwischen ihm und der liberalen

Der «Kladderadatsch» zum Beschluß Bismarcks, entgegen der Verfassung die Heeresreform zu erzwingen. Links: Kriegsminister Roon und Bismarck. Rechts: Stein und Hardenberg

Bourgeoisie Deutschlands war nach dem «Verfassungskonflikt» nicht mehr zu heilen.

Wenn Lassalle nicht resignieren und sich nicht ganz und gar von der Politik zurückziehen wollte, standen ihm jetzt nur noch zwei Wege offen. Einer, der ihn direkt in die «Höhle des Löwen», konkret gesprochen in das Arbeitszimmer Bismarcks, führte, und einer – in genau entgegengesetzter Richtung: in die Arme der Arbeiter.

Lassalle beschritt beide Wege gleichzeitig. Bismarck hatte nichts dagegen; ja, er hatte selbst zu dem ersten Gespräch die Initiative ergriffen. Er fand den Gedankenaustausch mit Lassalle anregend und sicher auch wichtig, sonst hätte er kaum – mitten im Verfassungskampf – so viel Zeit dafür geopfert. Zeugen gab es nicht bei diesen insgesamt fünf Unterhaltungen, und ein Protokoll wurde nicht geführt. Eines der längsten und grundsätzlichsten Gespräche soll mit Bismarcks Frage an Lassalle geendet haben: «Ach, Sie meinen, es kommt darauf an, wer von uns der Mann ist, der mit dem Teufel Kirschen essen kann? Nous verrons.»[164]

Bismarck ließ die Verbindung zu Lassalle nie ganz abreißen, auch nicht in der Zeit, in der die preußischen Staatsanwälte den «Arbeiteragitator» wegen Hochverrats vor Gericht stellten. Lassalle setzte die Korrespondenz mit Bismarck fort und legte ihm die Lektüre seines wirtschafts-revolutionären *Herr Bastiat-Schulze von Delitzsch* anschließend an das letzte Gespräch in Bismarcks Arbeitszimmer besonders dringend ans Herz, obwohl er damals schon eingesehen hatte, daß Bismarck sich nie und nimmer auf den Weg der sozialen Revolution würde drängen lassen: . . . *laß Dir's genügen, daß es nicht zustande kam, nicht zustande kommen konnte: wir waren beide zu schlau . . . also blieb es bei Besuchen und geistreichen Gesprächen.*[165]

Die Statuten des Allgemeinen Deutschen Arbeiter-Vereins schickte Lassalle an Bismarck mit den Worten:

Ew. Excellenz

sende ich hierbei ergebenst als eine, wenn auch nur scherzhafte Fortsetzung unserer neulichen Unterredung die Verfassung m e i n e s Reichs, um die Sie mich vielleicht beneiden dürften! Aber es wird Ihnen aus diesem Miniaturgemälde deutlich die Überzeugung hervorgehen, wie wahr es ist, daß sich der Arbeiterstand instinktmäßig zur Diktatur geneigt fühlt, wenn er erst mit Recht überzeugt sein kann, daß dieselbe in seinem Interesse ausgeübt wird, und wie sehr er daher, wie ich Ihnen schon neulich sagte, geneigt sein wird, trotz aller republikanischer Gesinnung – oder vielmehr gerade auf Grund derselben – in der Krone den natürlichen Träger der sozialen Diktatur, im Gegensatz zu dem Egoismus der bürgerlichen Gesellschaft, zu sehen, wenn die Krone ihrerseits sich jemals zu dem – freilich sehr unwahrscheinlichen – Schritt entschließen könnte, eine wahrhaft revolutionäre und nationale Richtung einzuschlagen und sich aus einem Königtum der bevorrechtigten Stände in ein soziales und revolutionäres Volkskönigstum umzuwandeln.[166]

«Skatbrüder sind wir, die den Marx gelesen.
Wir sind noch nie so weit entfernt gewesen,
von jener Bahn, die uns geführt Lassall'!»
Kurt Tucholsky: «Sozialdemokratischer Parteitag»

«Weit über seinen frühen Ton hinaus ... wirkten sein Werk und seine Persönlichkeit als Künder einer neuen Hoffnung.»
«Hundert Jahre deutsche Sozialdemokratie»

Eine Partei zu gründen, um alle Parteien überflüssig zu machen, gilt heute als demokratische Todsünde. Lassalle beging diese Todsünde. Eine Diktatur zu errichten, um die Diktatur abzuschaffen, gilt heute als utopischer Wahnsinn oder als totalitäre Methode. Lassalle bekannte sich zu diesem Wahnsinn und zu dieser Methode. Wie die Partei als Teil im Ganzen, so sollte sich der Diktator als Zwingherr in der Freiheit «aufheben»: In seinem Vortrag *Fichtes politisches Vermächtnis und die neuste Gegenwart* zitiert er den von ihm als Vorläufer Hegels verehrten Begründer des modernen philosophischen Idealismus: ... *der wahre Rechtstitel kann nur das allgemeine Recht sein; die erste Absicht des Fürsten muß daher sein, sich selbst als Zwingherr überflüssig zu machen ... Das vermittelnde Glied ist nämlich schon gefunden: Es ist die Erziehung aller zur Einsicht vom Rechte. Nur wenn der Zwangsstaat diese Bedingung erfüllt, hat er selbst das Recht, zu existieren, denn in ihr bereitet er die eigene Aufhebung vor.*[167]

Als Postulat betrachtet ist die These: «Eine Partei, ein Parteiführer» in der Tat lebensgefährlich, aber Lassalle betrachtete sie nicht als Postulat, sondern als «Prozeß», und zwar als Prozeß fortschreitender Einsicht durch Erziehung, durch Wissenschaft.

Wer *aussprechen will was ist* muß zunächst lernen, um zu wissen, was ist, muß zwischen Schein und Sein unterscheiden können. In einer Welt des Scheinkonstitutionalismus, des Scheinliberalismus, des Scheinpatriotismus wollte Lassalle Wissen verbreiten über die tatsächlichen Macht- und Rechtsverhältnisse und über den tatsächlichen Zustand, über die tatsächlichen Interessen der Nation. Je mehr Menschen aber «wissen was ist», desto weniger müssen sie sich fürchten, es auch auszusprechen, und wenn alle es wissen, braucht man es gar nicht mehr auszusprechen. Es versteht sich von selbst. Je größer das Wissen, desto geringer die Anstrengung. Es gibt im Grunde keine mühelosere, keine sanftere und zugleich radikalere Methode zur Veränderung bestehender Zustände als Lassalles Bündnis von «Wissenschaft und Arbeitern».

In seinem Vortrag *Über den besonderen Zusammenhang der gegenwärtigen Geschichtsperiode mit der Idee des Arbeiterstandes* am 12. April 1862, gehalten vor Handwerkern in Berlin-Oranienburg, sprach er zum erstenmal von diesem Bündnis.

Die unmittelbare Wirkung seines Vortrags war gering, obwohl Lassalle, wie Georg Brandes ihm bescheinigt, «tiefe Wissenschaftlichkeit» mit «Gemeinfaßlichkeit» zu verbinden wußte, und daß er die Gabe besaß, sowohl auf «die große Mehrzahl der Nichtgebildeten zu wirken [wie] . . . auf die kleine Elite der Höchstentwickelten in dem Kreise der Gebildeten»[168].

Die erste mittelbare Wirkung des Vortrags, den Lassalle später unter dem Titel *Arbeiterprogramm* drucken ließ, war der schon erwähnte Kriminalprozeß vor dem Stadtgericht Berlin wegen «Anreizung der besitzlosen Klassen zum Haß und zur Verachtung gegen die Besitzenden», und die zweite mittelbare Wirkung war ein Brief der Vorstandsmitglieder des «Zentralkomitees zur Einberufung eines allgemeinen deutschen Arbeitertages», Dammer, Fritzsche und Vahlteich, in dem es hieß: «Wir finden in Deutschland nur einen Mann . . . dem wir so vollkommenes Vertrauen schenken, daß wir ihm als Führer der ganzen Bewegung uns unterordnen möchten, und dieser Mann sind Sie. Sie haben durch Ihre Broschüre ein Recht sich erworben auf den Platz, den wir Sie einnehmen zu sehen wünschen.»[169]

Was hatte Lassalle in seiner Broschüre, in seinem Vortrag gesagt, und was hatte er zu seiner Verteidigung gegen den Vorwurf der Anreizung zum Klassenhaß vorzubringen? Beginnen wir mit der Verteidigung, in der er deutlicher als in dem Vortrag selbst auf die Notwendigkeit und auf den Zweck des Bündnisses von Wissenschaft und Arbeiterschaft hinweist und die er unter dem Titel *Die Wissenschaft und die Arbeiter* drucken ließ: *Zwei Dinge sind allein groß geblieben in dem allgemeinen Verfall: die Wissenschaft und das Volk, die Wissenschaft und die Arbeiter. Die Vereinigung beider allein kann den Schoß europäischer Zustände mit neuem Leben befruchten. Die Allianz der Wissenschaft und der Arbeiter, dieser beiden entgegengesetzten Pole der Gesellschaft, die, wenn sie sich umarmen, alle Kulturhindernisse in ihren Armen erdrücken werden, das ist das Ziel, dem ich so lange ich atme, mein Leben zu weihen, beschlossen habe.*[170]

Arbeiter – so heißt es in dem *Arbeiterprogramm* – *sind wir alle, insofern wir nur eben den Willen haben, uns in irgend einer Weise der menschlichen Gesellschaft nützlich zu machen. Dieser vierte Stand, in dessen Herzfalten daher kein Keim einer neuen Bevorrechtung mehr enthalten ist, ist eben deshalb gleichbedeutend mit dem ganzen Menschengeschlecht. Seine Sache ist daher in Wahrheit die Sache der gesamten Menschheit, seine Freiheit ist die Freiheit der Menschheit selbst, seine Herrschaft ist die Herrschaft aller . . . Wer also die Idee des Arbeiterstandes als das beherrschende Prinzip anruft in dem Sinne, wie ich Ihnen dies entwickelt, der stößt nicht einen die Klassen der Gesellschaft spaltenden und trennenden Schrei aus; der stößt vielmehr einen Schrei der Versöhnung aus.*[171]

Lassalle unterscheidet scharf zwischen dem unheilvollen *Besonderungstrieb* des Bürgertums als Klasse und dem einzelnen Bürger, auch dem Großbürger, und dem Bourgeois, und dem einzelnen Adligen und dem Feudalen:

Aber auch ein Großbürger . . . ist darum an und für sich noch durchaus kein Bourgeois. Kein Bürgerlicher hat etwas dagegen, wenn ein

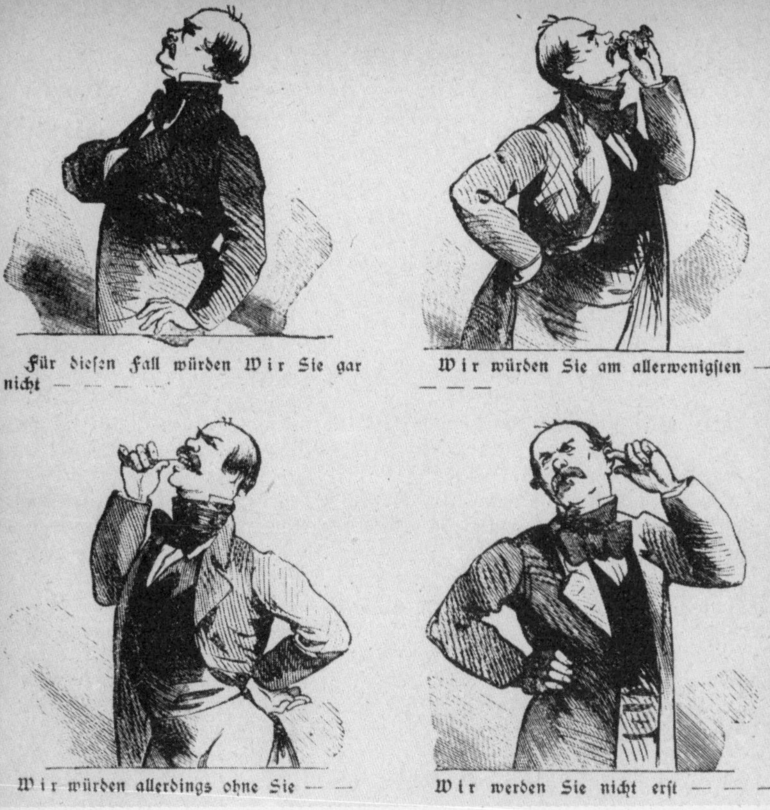

Bismarck vor der Kammer: «Bei der bekannten Haltung des Ministeriums den Kammern gegenüber ist an eine Ausgleichung der schwebenden Differenzen schwerlich zu denken» («Vossische Zeitung» vom 10. April 1863). Karikaturen aus dem «Kladderadatsch»

Adliger sich in seinem Zimmer über seine Ahnen und seinen Grundbesitz freut. Aber wenn der Adlige diese Ahnen oder diesen Grundbesitz zur Bedingung einer besonderen Geltung und Berechtigung im Staat, zur Bedingung einer Herrschaft über den Staatswillen machen will, dann beginnt der Zorn des Bürgerlichen gegen den Adligen, und er nennt ihn einen Feudalen.

Es verhält sich nun ganz entsprechend mit den tatsächlichen Unterschieden des Besitzes innerhalb der bürgerlichen Welt.

Daß sich der Großbürger in seinem Zimmer der großen Annehmlichkeit und des großen Vorteils erfreue, welche ein großer bürgerlicher Besitz für den Besitzenden in sich schließt – nichts einfacher, nichts natürlicher und nichts rechtmäßiger als das . . .

Wenn aber . . . der Großbürger, nicht zufrieden mit den tatsächlichen

Annehmlichkeiten eines großen Besitzes, den bürgerlichen Besitz, das Kapital, auch noch als die Bedingung hinstellen will, an der Herrschaft über den Staat, an der Bestimmung des Staatswillens und Staatszwecken teilzunehmen, dann erst wird der Großbürger zum Bourgeois, dann macht er die Tatsache des Besitzes zur rechtlichen Bedingung der politischen Herrschaft, dann charakterisiert er sich als ein privilegierter Stand im Volke.[172]

Der Feudale als Entartung des Adligen, der Bourgeois als Entartung des Bürgerlichen – gibt es nicht auch eine Entartung des Arbeiters? In einem Brief aus dem Jahre 1853 spricht Lassalle einmal von dem *Marodeurgesindel, welches in unbeschreiblicher Betise hat zu glauben, daß sich die Geschichte wirklich in seinem Interesse erhitze*[173]; und Marx mokiert sich in einem Brief an Engels über Lassalles «Leipziger Arbeiter- (lies Knoten) Kongreß»[174].

Das alles trifft aber nicht den Arbeiter als Idee, als Prinzip, als Kategorie. Ihn allein meint Lassalle in seinem *Arbeiterprogramm* wie in seiner gesamten Arbeiter-Agitation. Daß der leibhaftige Arbeiter oder auch der leibhaftige Proletarier ebenfalls «entarten» können, hat Lassalle am eigenen Leibe erfahren. Als Polizisten ihn aus einer Versammlung in Berlin heraus verhafteten, spuckten Arbeiter der Borsig-Werke vor ihm aus. Andere hatten ihn ausgepfiffen. Berlins Arbeiter, vor allem die besser bezahlten, lasen die bürgerlichen Blätter – eine Arbeiterpresse gab es nicht – und hielten nichts von dem «roten» Lassalle.

Anders im Rheinland. Hier war die «März-Revolution» noch nicht so gründlich vergessen wie in der Hauptstadt, und hier hatte Lassalle unter den Veteranen von 1848 auch noch persönliche Freunde und Bekannte. Aber auch hier erreichte Lassalle, auf dem Höhepunkt seiner Agitation, nicht die Massen der Arbeiter. Sein Allgemeiner Deutscher Arbeiter-Verein hatte bei seinem Tode in ganz Deutschland nicht mehr als 4600 Mitglieder.

Die große Mehrheit der überhaupt politisch zu interessierenden Deutschen, bis weit in die Arbeiterschicht hinein, dachte und fühlte kleinbürgerlich, großbürgerlich, spießbürgerlich, in jedem Fall bürgerlich. Schuld daran war, nach Lassalles Meinung, nicht nur die *vollkommene Lügenhaftigkeit . . . namenlose Feigheit und Unsittlichkeit unserer großen liberalen Presse*[175], sondern auch die zeitgenössische Mode der *Wortberauschung* überhaupt.

Das große Publikum, einen Gedanken unmöglich da herausfinden könnend, wo keiner vorliegt, und dennoch an eine Abwesenheit jedes Gedankens infolge des gebildeten belletristischen Wortgewirres und des Ansehens des Autors nicht glauben könnend, mußte sich endlich gewöhnen, flimmernde Nebelgebilde für Gedanken zu halten und auch an sein eigenes Denken keine andere Anforderung zu stellen, als eine Verbindung unklarer tönender Worte mit einem nach allen Seiten hin schielenden Reflexionsschein zu produzieren.

So gerät alles bestimmte und scharfe Denken in der Gesellschaft außer Mode.[176]

Vom Verfall des Denkvermögens war nur ein Schritt zum Verfall der bürgerlichen Kultur überhaupt:

So ist es denn gekommen, daß die Großen und Guten unserer Nation, unsere Denker und Dichter, wie Kraniche über den Häuptern dieses Bürgertums dahin geflogen sind und nichts von ihnen auf diese Masse gekommen ist, als der leere Schall eines Namens!

Der Bürger feiert unsern Denkern Feste – weil er n i e m a l s ihre Werke gelesen! Er würde sie v e r b r e n n e n, wenn er sie gelesen hätte. Denn diese Schriften sind von der herbsten Verachtung gegen dieses Bürgertum gefüllt ...

Und Ihr, die Ihr gleich mir Bourgeois von Geburt, aus unsern Denkern und Dichtern die Milch der Freiheit gesogen habt, um Euch zu erheben über die Existenzbedingungen einer Klasse, welche dem Volk das Elend, dem deutschen Geiste den Verfall, der Nation die Zerstückelung und Ohnmacht gebracht hat – herbei und stimmet ein in mein «jacta est alea». H i e r Euer Banner und d a s Eure Ehre! [177]

Anerkennung hatte Lassalle nur in der Welt der Wissenschaft gefunden. Hier fühlte er festen Boden unter den Füßen, und von hier wollte er einen Bogen schlagen zu der Welt des Arbeiters. Wissenschaft und Arbeit waren für ihn in einer Landschaft von Kultur-Ruinen die Pfeiler, die seine Brücke in eine bessere Zukunft, in eine bessere Welt tragen sollten. Und wie würde sie aussehen, diese neue, bessere Welt? –

Bismarcks Arbeitszimmer im Preußischen Staatsministerium, Berlin, Wilhelmstraße

Johann Gottlieb Fichte im Hörsaal (Staatsbibliothek, Berlin)

Sie würde die Tugenden der vorhergehenden Welten übernehmen, ohne ihre Laster:

Die gesamte alte Welt und ebenso das ganze Mittelalter bis zur französischen Revolution von 1789 suchte die menschliche Solidarität oder Gemeinsamkeit in der Gebundenheit oder Unterwerfung.

Die französische Revolution von 1789 und die von ihr beherrschte Geschichtsperiode, von dieser Gebundenheit mit Recht empört, suchte die Freiheit in der Auflösung aller Solidarität und Gemeinsamkeit. Sie behielt damit nicht einmal die Freiheit, sondern nur die Willkür in der Hand. Denn Freiheit ohne Gemeinsamkeit ist Willkür.

Die neue, die jetzige Zeit sucht die Solidarität in der Freiheit. Dies ist in Kürze der bisherige Verlauf und Sinn der Geschichte.[178]

In einer solchen Welt der Solidarität ohne Unterwerfung und der Freiheit ohne Willkür würde es auch keinen Unterschied, keinen Gegensatz zwischen «Volk» und «Arbeitern» mehr geben. Die Arbeiter wären das Volk und das Volk die Arbeiter, weil alle sich *in irgendeiner Weise der Gesellschaft nützlich machen würden.*

Wie wir schon sagten war das *Arbeiterprogramm* bei einigen Leipziger Arbeiterführern auf fruchtbaren Boden gefallen. Dem ersten inoffiziellen Brief der drei Vorstandsmitglieder des «Zentralkomitees» folgte ein Besuch bei Lassalle in Berlin und diesem wiederum eine offizielle Bitte, Lassalle möge seine Ansicht über die Arbeiterbewegung schriftlich formulieren.

So schwer dem Verfasser des *Heraklit* und des *Systems* der Abschied von der Wissenschaft und der Abstieg in die politische Arena auch fallen mochte, so war doch mit dieser Bitte, mit dieser Einladung des Zentralkomitees im Grunde die Entscheidung schon gefallen. Zurück konnte Lassalle jetzt nicht mehr. Und Lassalle wäre nicht Lassalle gewesen, wenn er nicht in dem Augenblick, in dem er die Einladung, sich zu der Einberufung eines allgemeinen deutschen Arbeitertags zu äußern, annahm, nicht auch schon einen Schritt weitergegangen wäre: Es sollte kein *allgemeiner deutscher Arbeitertag* werden, sondern ein *Allgemeiner Deutscher Arbeiter-Verein*. Den Namen «Partei» vermied Lassalle nur aus formellen Gründen. Vereine hatten damals mehr Bewegungsfreiheit, das heißt, sie konnten nicht so leicht verboten werden wie Parteien.

Lassalles Antwort an das Zentralkomitee war zugleich das Programm für die zu gründende Partei.

«Wie die Taktik zur Strategie, wie der Schlacht- zum Feldzugsplan», so verhält sich das *Offne Antwortschreiben* zu Lassalles *Arbeiterprogramm*. «Es ist die Ordre de Bataille für die erste Schlacht in dem großen Emanzipationskampfe des deutschen Proletariats ... Es kam darauf an, die erschöpfende Konsequenz des Prinzips mit der notwendigen Einseitigkeit der Politik zu verbinden; genau der Bahnbrecher, den die deutsche Arbeiterklasse unter den damaligen historischen Zuständen gebrauchte.»[179]

Neben den Anweisungen für die *erste Schlacht* enthält das *Offne Antwortschreiben an das Central-Comité zur Berufung eines Allgemeinen Deutschen Arbeitercongresses*, oder *Arbeitermanifest*, wie es später meist genannt wurde, aber auch manchen nicht an Zeit und Umstände gebundenen Gedanken:

Alles menschliche Leiden und Entbehren und alle menschlichen Befriedigungen, also jede menschliche Lage bemißt sich ... nur durch den Vergleich mit der Lage, in welcher sich andere Menschen derselben Zeit in bezug auf ihre gewohnheitsmäßigen Lebensbedürfnisse derselben befinden. Jede Lage einer Klasse bemißt sich somit immer nur durch ihr Verhältnis zu der Lage der anderen Klassen derselben Zeit ...

Denn was nützen alle aufgespeicherten Reichtümer und alle Früchte der Zivilisation, wenn sie immer nur für einige Wenige vorhanden sind und die große unendliche Menschheit stets der Tantalus bleibt, welcher vergeblich nach diesen Früchten greift? Schlimmer als Tantalus, denn dieser hatte wenigstens nicht die Früchte hervorgebracht, nach denen sein dürstender Gaumen zu lechzen verdammt war![180]

Ohne mythologische Verkleidung formulierte er denselben Gedanken in einer Arbeiterversammlung: *So lange Ihr nur ein Stück schlechter Wurst habt und ein Glas Bier merkt Ihr das (Eure traurige Lage) gar nicht und wißt gar nicht, daß Euch etwas fehlt! Das kommt von Eurer verdammten Bedürfnislosigkeit.*[181]

Eine allgemeine Verbesserung der materiellen Lebensbedingungen – auch des Arbeiters – im Zuge der industriellen Revolution, deren Anfang er erlebte, hält Lassalle nicht nur für möglich, sondern für wahrscheinlich; nur werde sich dadurch am Abstand zwischen Arm und Reich nichts ändern, solange auf dem Arbeitsmarkt, genauso wie auf dem Warenmarkt, das Gesetz von Angebot und Nachfrage herrsche. Der Arbeiter, der nichts feilzubieten habe als seine Arbeit, das heißt sich selbst, und der diese Ware, im Gegensatz zum Unternehmer oder Kaufmann, nicht beliebig lagern könne, um ihren Preis heraufzutreiben, werde auf diesem Markt immer der Benachteiligte, immer der Ausgebeutete sein. Von den Fesseln dieses *ehernen Lohngesetzes*, wie er es nennt, und als dessen Entdecker er den englischen Nationalökonomen

Julius Vahlteich, Mitglied des Leipziger «Central-Comités»

David Ricardo bezeichnet, will Lassalle die Arbeiter befreien. Er will gemeinsame Produktionsstätten der Arbeiter, *Arbeiter-Assoziationen*, ins Leben rufen, in denen die Arbeiter ihre eigenen Unternehmer sind, und ihnen so zu einem *gerechten Lohn*, das heißt dem *vollen Ertrag ihrer Arbeit* verhelfen.

Auf diese Weise, und nur auf diese Weise, könne der Expropriation der Arbeiter durch die Eigentümer von Kapital und Produktionsmitteln ein Ende bereitet werden. Da aber die Kapitalbesitzer dem freiwillig nie zustimmen würden, müsse der Staat sie dazu zwingen. Welcher Staat? – Ein Staat, in dem die Arbeiter die Macht haben! Und wie sollen sie diese Macht im Staat erringen? – Durch das allgemeine freie und gleiche Wahlrecht!

Die Forderung nach diesem Wahlrecht steht daher folgerichtig in Lassalles «Parteiprogramm» obenan. Er sieht in ihm den ersten, aber auch nur den ersten Schritt zu einer grundlegenden Veränderung sowohl der wirtschaftlichen wie der gesellschaftlichen Verhältnisse.

Lassalle wendet sich gegen den Einwand, daß eine Hilfe der öffentlichen Hand – er fordert vom preußischen Staat einen Kredit von 100 Millionen Talern als Starthilfe für seine Arbeiter-Produktionsgenossenschaften – die in der Wirtschaft tätigen Menschen daran hindere, ihre eigene Kraft zu entfalten:

Es ist nicht wahr, daß ich jemand hindere, durch seine eigene Kraft einen Turm zu ersteigen, wenn ich ihm Leiter oder Strick dazu reiche. Es ist nicht wahr, daß der Staat die Jugend daran hindert, sich durch eigene Kraft zu bilden, wenn er ihr Lehrer, Schulen und Bibliotheken hält. Es ist nicht wahr, daß ich jemand hindere, durch eigene Kraft ein Feld umzuackern, wenn ich ihm einen Pflug dazu reiche. Es ist nicht wahr, daß ich jemand hindere, durch eigene Kraft ein feindliches Heer zu schlagen, wenn ich ihm eine Waffe dazu in die Hand drücke.[182]

Das Urkomische ist, schreibt Lassalle an einen Mitstreiter, *daß ich so gar nichts in meinem Manifest gesagt habe, was nicht – im guten Sinne – streng konservativ ist. Es wäre die konservativste, durchaus legale und friedliche Weise, die Arbeiter zu erlösen. Aber freilich kann das Manifest dennoch nur im entschieden revolutionären Sinne wirken. Denn die herrschenden Klassen wollen eben diese Erlösung der Arbeit nicht. Sie wollen nicht nur, daß man ihren bestehenden Besitz respektiert – das tut mein Manifest durchaus – sie wollen die Fortdauer ihrer Privilegien, das Fortspielen der jetzigen Erwerbsmonopole auch für die Zukunft.*[183]

Am 13. Mai 1863 war Lassalle zum erstenmal «in der Höhle des Löwen». Bismarck wollte sich von ihm «über die Verhältnisse der arbeitenden Klasse» unterrichten lassen.

Am 23. Mai 1863 wird der Allgemeine Deutsche Arbeiter-Verein in Leipzig gegründet und Lassalle auf fünf Jahre zu seinem Präsidenten gewählt.

Von Anfang an macht Lassalle kein Hehl daraus, wer seiner Meinung nach in diesem Verein Herr im Hause sein soll: *Wer auch Präsident sei, die Präsidialgewalt muß so diktatorisch wie möglich organisiert sein. Sonst ist nichts vorwärts zu bringen. Die individuelle Vielschwätzerei wollen wir den Bourgeois überlassen.*[184] Und in seiner letzten großen, der sogenannten *Ronsdorfer Rede* sagte er ganz unumwunden, daß die *großen gewaltigen Übergangsarbeiten der Gesellschaft* nicht durch *die Krankheit des individuellen Meinens und Nörgelns* zu bewerkstelligen seien, sondern allein durch *die Diktatur der Einsicht*[185].

Diktatur der Einsicht oder des Einsichtigen war für Lassalle möglicherweise mit dem Königtum der Philosophen Platons oder den Diktatoren auf Zeit der römischen Republik vergleichbar, aber niemals mit der Diktatur beispielsweise eines Napoleon III. Für dieses Phänomen hatte Lassalle eine andere Bezeichnung: *Cäsarismus.* Im *Cäsarismus* sah er keinen Gegensatz zur bürgerlichen Gesellschaft, sondern im Gegenteil deren letzte, gefährlichste und unmenschlichste Inkarnation. Seine Definition des Cäsarismus, bezogen auf Louis-Napoléon, könnte in einem modernen marxistischen Textbuch über Faschismus stehen: *In ihrem letzten Todeskampf faßt sich das Bourgeoisregiment und der Privaterwerb in die einfache Allgemeinheit all ihrer Fraktionen, in den Militärdespotismus und die Gewaltherrschaft zusammen. Während sein Onkel *, mit dem er sich beständig verwechselt, eine eminent revolutionäre Sendung hatte, ist dieser Tölpel nichts als das leer-allgemeine Wesen der sterbenden Reaktion.*[186]

---

* Napoleon I.

Lassalles *Diktatur der Einsicht* hat auch nicht das mindeste gemein mit irgendeiner anderen uns aus der Geschichte bekannten Diktaturen des Eigensinns, des Machttriebes, des Personenkults und des Größenwahns. «Einsehen» im Sinne Lassalles ist gleichbedeutend mit dem Erkennen und «diktieren» mit dem Verwirklichen des Gemeinwillens. Damit ist nicht weniger, sondern mehr Demokratie angestrebt, als sie sich je auf dem parlamentarischen Wege der Mehrheitsherrschaft erreichen läßt. Aus diesem Grund kann die *Diktatur der Einsicht* auch niemals einmünden in das, was man heute als «linken Faschismus» etikettiert.

Lassalle kam nie auf die Idee, man könne seine *Diktatur der Einsicht* so gründlich mißverstehen, daß man ihm selbst eine Cäsarenrolle zutraute. Als der grundgescheite Revolutionär von 1848, Gutsbesitzer und Nationalökonom Rodbertus ihn vor der Gefahr einer cäsaristischen Entwicklung in Europa warnte, war er entsetzt. Rodbertus hatte ihm geschrieben: «Die revolutionären Kräfte sind heute schwächer und zersplitterter als vor zehn Jahren und paralysieren sich deshalb gegenseitig. Und dies ist noch immer die Spalte gewesen, durch welche der Cäsarismus auf die Welt gekommen.»[187] Lassalle antwortete: *Stünden die «signatura temporis» wirklich auf Cäsarismus – nun, so wäre alles verloren für die Gegenwart.*[188]

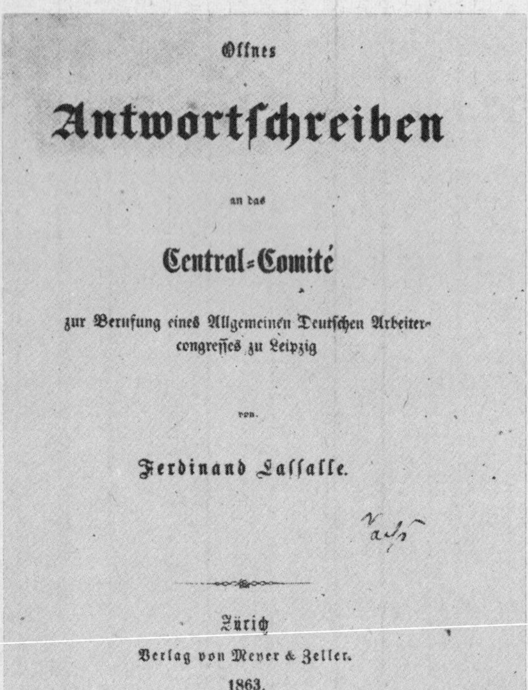
Offnes

Antwortschreiben

an das

Central-Comité

zur Berufung eines Allgemeinen Deutschen Arbeitercongresses zu Leipzig

von

Ferdinand Lassalle.

Zürich

Verlag von Meyer & Zeller.

1863.

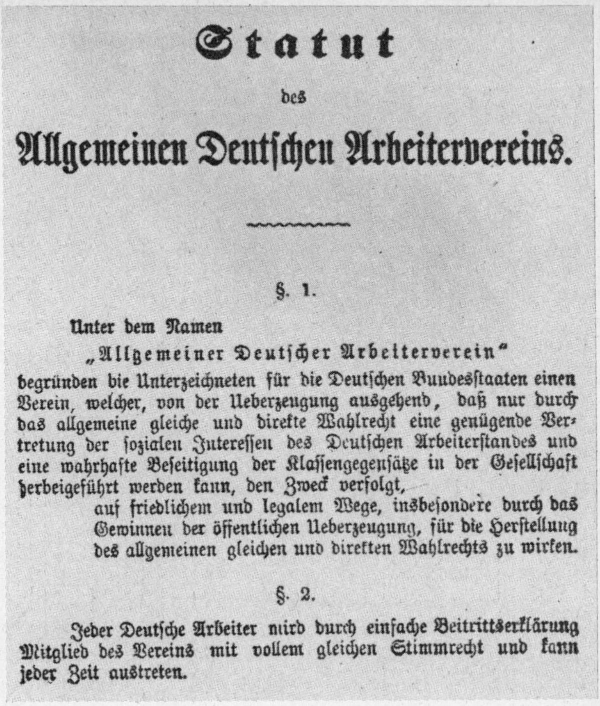

Statut

des

Allgemeinen Deutschen Arbeitervereins.

§. 1.

Unter dem Namen

„Allgemeiner Deutscher Arbeiterverein"

begründen die Unterzeichneten für die Deutschen Bundesstaaten einen Verein, welcher, von der Ueberzeugung ausgehend, daß nur durch das allgemeine gleiche und direkte Wahlrecht eine genügende Vertretung der sozialen Interessen des Deutschen Arbeiterstandes und eine wahrhafte Beseitigung der Klassengegensätze in der Gesellschaft herbeigeführt werden kann, den Zweck verfolgt,

auf friedlichem und legalem Wege, insbesondere durch das Gewinnen der öffentlichen Ueberzeugung, für die Herstellung des allgemeinen gleichen und direkten Wahlrechts zu wirken.

§. 2.

Jeder Deutsche Arbeiter wird durch einfache Beitrittserklärung Mitglied des Vereins mit vollem gleichen Stimmrecht und kann jeder Zeit austreten.

Die tödliche Gefahr des Cäsarismus, auf die Rodbertus so hellsichtig hinweist, und vor der Lassalle keineswegs die Augen verschließt, liegt in dem M a n g e l a n E i n s i c h t sowohl des Cäsars selbst wie der Massen, die nach ihm rufen und ihm zujubeln. Da aber alle Cäsaren aller Zeiten den Besitz, wenn nicht gar das Monopol der Einsicht beansprucht haben, läuft schließlich alles auf die Frage hinaus, wer ist einsichtig genug, zwischen wirklicher und angemaßter Einsicht zu entscheiden?

«Die Majorität ist dazu berufen und in der Lage», ist eine gut demokratische, aber – angesichts so vieler trauriger Erfahrungen mit «starken Männern» und der ihnen akklamierenden Mehrheiten – keine restlos befriedigende Antwort. Woher also, wenn nicht von Gott, an den er nicht mehr glaubt, soll dem Menschen die Einsicht kommen?

Sie kann ihm, nach Lassalles Überzeugung, nur aus der Vernunft kommen, wobei Vernunft für ihn sowohl der Strom des Daseins selbst ist, also etwas Äußeres oder «Objektives», als auch die Fähigkeit des Menschen, dieses Stroms und seiner Richtung inne zu werden, also etwas Inneres oder Subjektives. Lassalle schreibt darüber an Rodbertus: *Sie haben ganz recht, wenn Sie weder durch die Majorität noch durch Stimmeinheit sich beweisen lassen wollen, was das heutige Zeitbewußtsein will. Wie finde ich dies also? Nun ich denke ganz einfach: Was*

Sie sich und der Zeit durch Vernunft, Logik, Wissenschaft beweisen können – das will die Zeit.[189]

Und das zeitlose Ziel, die unveränderliche Richtung der Zeit ist immer – das «Allgemeine», gleichwohl, ob der Mensch ihren Willen mit Hilfe der Vernunft zu ergründen und zu *beweisen* sucht oder mit Hilfe – der Religion:

Die Liebe ist die gefühlte Einheit der Individuen in Ergänzung der gedachten ... Und wer ein Christ sein will, der tue wie Christus und gebe hin seine Einzelheit, sein Ich, Leib und Seele an die Allgemeinheit, an die Gattung. Darum ist der jüdische Gott der Gott des Egoismus, darum ist er so tief unsittlich, weil er kalt verharrt, einsam auf seiner einsamen Höhe, in abgeschlossener Alleinigkeit, das herzlose in sich ruhende Ich, darum ist der christliche Gott ein so tief sittliches Wesen, weil ihn in der Überfülle seiner Vollkommenheit das Bedürfnis der Sehnsucht ergreift nach einem Wesen, das ihm gleich sei, ihm, das Ich, der Hunger nach einem Du; und er steigt herunter von dem alten einsamen Thron, auf dem er gesessen als Gott der Juden, und zeugt sich seinen eingeborenen Sohn.[190]

Doch nicht nur in der diktatorischen Gewalt des Präsidenten über die Partei, auch in der Partei selbst – wie in jeder Partei – sah Lassalle eine *Übergangsarbeit der Gesellschaft*. Die Partei (von lateinisch partire = teilen) war dazu bestimmt, ihre Besonderheit aufzugeben und im allgemeinen aufzugehen, sobald ihre Übergangsarbeit getan war. Der Vorstellung von Herrschaft zur Überwindung der Herrschaft hatte also ihr Spiegelbild in der Vorstellung von Teilung zur Überwindung der Teilung.

Zwischen Vorträgen vor den Arbeitern von Berlin, Leipzig, Köln, Duisburg, Düsseldorf, Solingen, Barmen, Ronsdorf, Frankfurt, zwischen

Barackenstadt vor den Toren Berlins

Johann Karl Rodbertus

Presse-Fehden und Hochverratsprozessen schrieb Lassalle *Herr Bastiat-Schulze von Delitzsch, der ökonomische Julian, oder Capital und Arbeit.* In der Gestalt des Arbeiterselbsthilfe-Apostels Hermann Schulze-Delitzsch und des französischen Manchester-Liberalen Frédéric Bastiat geißelt er die gesamte bürgerliche Ökonomie. Der ironische Zusatz *der ökonomische Julian* soll ausdrücken, daß Schulze-Delitzsch und sein französisches Vorbild Frédéric Bastiat von Ökonomie ebensowenig verstehen wie der Literaturkritiker Julian Schmidt von Literatur. In einem 1862 von ihm und Lothar Bucher gemeinsam verfaßten Pamphlet *Herr Julian Schmidt, der Literarhistoriker* entlarvt Lassalle diesen Julian als Schwätzer und Scharlatan.

Nach *Herr Bastiat-Schulze von Delitzsch* ist der Unternehmer-Gewinn auch «Lohn», nämlich Lohn für Sparsamkeit, Lohn für «Entbehrung». Dazu Lassalle:

Sie schildern den Arbeitern ihren eigenen Stand als eine Welt von lauter Unternehmern! ...

Sie begreifen also ganz und gar die Ursache nicht, die überhaupt unser Proletariat geschaffen hat? ... Wir sind alle Kapitalisten, der eine etwas mehr, der andere etwas weniger. Kapitaleinkommen und Arbeitslohn – es ist alles egal. Der Arbeitslohn wie die Dividenden ... es ist alles Kapitaleinkommen. Wie in der Nacht alle Katzen grau sind,

Hermann Schulze-Delitzsch

so verschwinden vor der Nacht Ihres Stumpfsinnes alle ökonomischen Unterschiede ...

Der Kapitalprofit ist der «Entbehrungslohn»! Glückliches Wort, unbezahlbares Wort. Die europäischen Millionäre, Asketen, indische Büßer, Säulenheilige, welche mit einem Bein auf einer Säule stehen, mit weit vorgebogenem Arm und Oberleib und blassen Mienen einen Teller ins Volk streckend, um den Lohn ihrer Entbehrungen einzusammeln! In ihrer Mitte und hoch über alle seine Mitbüßer hinausragend als Hauptbüßer und Entbehrer das Haus Rothschild. Das ist der Zustand der Gesellschaft! Wie ich denselben nur so verkennen konnte! ...

Und was nun diese Arbeiter für Völler und Prasser sein müssen, wo sie nur insgeheim ihre Villen, Landhäuser und Mätressen haben und ihre Orgien feiern müssen, daß sie so gar keinen Entbehrungslohn beziehen! [191]

Scherz, Satire, Ironie in *Herr Bastiat-Schulze von Delitzsch* sind reiner Lassalle, verantwortlich für die tiefere Bedeutung ist, wie Lassalle mit Nachdruck betont, Karl Marx.[192]

Aber während Lassalle rastlos von Kampfplatz zu Kampfplatz eilt, werden die Schatten auf seinem Weg länger. Der Gladiator ist müde geworden. Das Ziel ist noch fern – ja, es erscheint gerade jetzt ferner denn je zu sein und die so opfermutig, so hemmungslos, so selbstmörderisch eingesetzten Lebenskräfte beginnen zu versiegen. Es bedurfte nur noch eines Windstoßes, um die bisher von einem scheinbar unerschöpflichen Selbstvertrauen und einer «an Irrsinn grenzenden Willensfähigkeit» genährte Flamme zum Erlöschen zu bringen.

DAS DUELL

«Die Götter sagen uns nicht, was wesentlich ist und was nicht. Sie sagen uns auch nicht, was – von Fall zu Fall – Liebe ist: Teil des Lebens, eine zu heilende Krankheit, oder das ganze Leben einschließlich des Heilmittels.»

Charles Morgan: «Die Flamme»

Zu Beginn des Jahres 1864 waren Lassalles Lebenskräfte nahezu erschöpft, obwohl oder gerade weil seine rastlose Aktivität in diesem seinem letzten Lebensjahr einen phantastischen Höhepunkt erreichte. Es war, als ahnte er sein Ende, und es bedurfte keiner besonderen Anstrengung des Schicksals, um ihm den Todesstoß zu versetzen. Eine «ganz banale unglückliche Liebe» genügte. Seine Freunde fanden es schwer, ihm das zu verzeihen.

«Auf einer Vergnügungsreise in die Schweiz wegen einer Liebesaffäre ... im Duell» stirbt kein aufrechter Demokrat, grollte der auf-

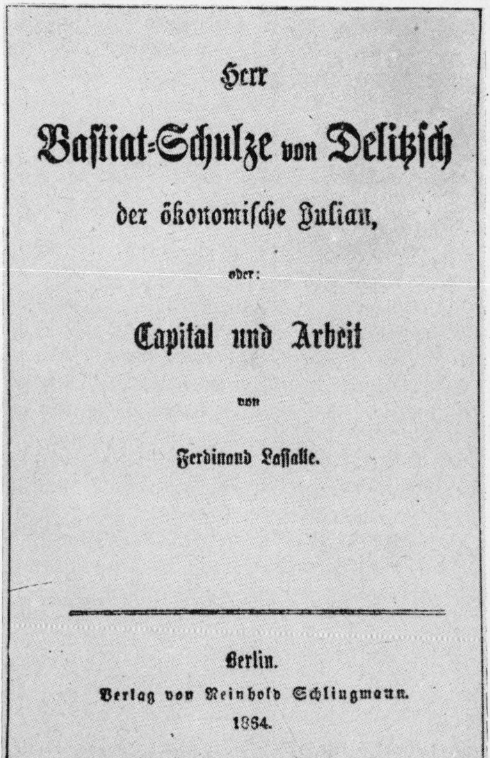
Herr

Bastiat-Schulze von Delitzsch

der ökonomische Julian,

oder:

Capital und Arbeit

von

Ferdinand Lassalle.

Berlin.

Verlag von Reinhold Schlingmann.

1864.

rechte Demokrat, aber als Nachfolger Lassalles im Amt des Präsidenten des ADAV wenig überzeugende Bernhard Becker. Er hätte es lieber gesehen, wenn Lassalle «auf einer Barrikade oder durch eine Kugel des Standrechts» seinen Tod gefunden hätte.[193]

Wer von seinen Anhängern oder Nachfolgern hätte das nicht lieber gesehen! Dennoch ist die bis heute umstrittene Frage, ob dieser Tod in und an einer Liebesaffäre zu Lassalle «paßte» oder nicht, im Grunde müßig. Sie wirft weniger Licht auf ihn oder sein Leben als auf seine Biographen. Für den, der den ganzen Lassalle im Auge hat, gibt es den Unterschied zwischen einem passenden und einem unpassenden Tod nicht. Er löst sich auf in der «Vernunft des Notwendigen».

Überraschend, befremdlich, ja empörend mußte allerdings ein so jähes Ende eines so prall gefüllten Lebens, und obendrein ein solches Ende, allen denen erscheinen, die nicht bemerkt hatten, daß das Lächeln auf den Lippen des Gladiators schon seit einer ganzen Weile nicht mehr echt war, sondern ein Schutz gegen Enttäuschungen, gegen Zweifel, gegen Todesahnungen. Lassalle tat sein Äußerstes, um den Schein des Triumphators bis zum letzten Atemzug aufrechtzuerhalten. Und doch entrangen sich seiner Brust in den letzten Monaten, nahen Freunden gegenüber, immer häufiger Stoßseufzer wie dieser:

. . . das ist alles ganz gut und recht, ist Pflicht und schön, will es auch gern mein Lebtag tun, aber daneben braucht doch jeder Mensch etwas, woraus er für sich Befriedigung und damit neue Kraft für neue aufopfernde Arbeit saugt, sei es die teilweise Realisierung seines allgemeinen Strebens – die höchste Befriedigung gewiß – sei es mindestens ein individuelles Glück, ein liebes Herz! Ich allein habe gar nichts und muß bloß von der Arbeit, bloß von der Aufopferung leben! Es sind die Ketten eines Galeerensklaven, die ich von früh bis spät schleppe und trage, kein Moment der Befriedigung und des Genusses, außer, wenn man sich hin und wieder einmal ganz in den Gedanken vertieft hat und eben zu einer neuen Erkenntnis durchgebrochen ist, die dann mit ihrer sittlichen Wärme erfreut und hebt – bis sofort wieder der bittere Gedanke durchschlägt, wieviel Dezennien es dauern wird, bis diese Erkenntnis auch für die anderen da sein wird und wieviele Dezennien hindurch sie erst verhöhnt und verspottet werden wird, ehe sie Leben gewinnt . . . Ich weiß selbst nicht, woran es liegt, aber nie war ich in der Stimmung, in der ich seit einem Jahr immer wachsend bin . . . Ich wollte, ich könnte mich verlieben – gleichviel in wen. Ich wollte mir das Weib erobern, und wenn ich drei Backzähne des Kalifen ausschlagen müßte! Geht aber nicht! Kann mich nicht verlieben! [194]

Genau ein Jahr später, am 28. Januar 1864, hatte Lassalle seine fünfte und letzte Unterredung mit Bismarck.

Im März 1864 stand er vor dem Staatsgerichtshof zu Berlin wegen «Hochverrats».

Im April 1864 stürmten die preußischen Truppen die «Düppeler Schanzen» und entschieden damit den dänischen Krieg zugunsten Preußens und Österreichs. Sie entschieden ihn auch zugunsten Bismarcks, der mit Kanonendonner und Siegesfanfaren widerspenstige Liberale in willfährige Hurra-Patrioten verwandelte und der Lassalle als Bundes-

1863

genossen gegen diese einstigen 1848er nicht mehr brauchte. Düppel war also eine Niederlage nicht nur für Dänemark, sondern auch für Lassalle.

Im Mai 1864 zog Lassalle wie ein Triumphator durch das Rheinland und agitierte in voll besetzten Sälen in sieben Städten für seine Partei. Nach seiner letzten Rede in Ronsdorf hatte Lassalle den Eindruck – und nicht nur er hatte diesen Eindruck –, «so müsse es bei der Stiftung neuer Religionen ausgesehen haben»[195]. Aber jede Rede zehrte an seinen Stimmbändern – er litt zunehmend an Heiserkeit – und an seinen physischen und psychischen Energiequellen.

Vom 26. Mai bis 25. Juni erholte er sich in Bad Ems.

Am 6. Juli hielt er seine letzte Rede auf einer Massenversammlung in Frankfurt.

Am 15. Juli fuhr er zur Kur in die Schweiz.

Am 25. Juli begegnete er in dem Kurort Kaltbad auf dem Rigi einer Bekannten aus Berlin, der Tochter des bayerischen Gesandten in Genf, Helene von Dönniges. Sie war von Genf mit einer Reisegesellschaft nach Rigi-Kaltbad gekommen und hatte sich dort sogleich nach Lassalle erkundigt. Lassalle hatte ihr in Berlin den Hof gemacht, und sie hatte sich, obwohl verlobt mit einem adeligen Jüngling aus der Walachei, seine Huldigungen gern gefallen lassen und begonnen, für den vielbewunderten, vielgehaßten Mann zu schwärmen. Am Tage ihrer Wiederbegegnung auf dem Rigi begann ein Romeo und Julia-Drama in neuem Gewande.

Wie im Shakespeareschen Original vollzog sich auch hier die Handlung auf zwei Ebenen: Der Ebene der Liebenden und der Ebene der sich befehdenden «feindlichen Häuser». Auf «Julias» Seite: Vater, Mutter und Verlobter, auf «Romeos» zwei Freunde, Oberst Wilhelm Rüstow und Sophie von Hatzfeldt.

Die beiden feindlichen Häuser kamen aus entgegengesetzten Gründen zu dem gleichen Ergebnis: Sie fanden die Liebe der Liebenden skandalös, peinlich, banal, verhängnisvoll und beschleunigten durch ihr Verhalten das Verhängnis, ja, sie führten es erst eigentlich herbei. Die beiden Liebenden agierten weniger als daß sie auf die Handlungen der «Häuser» reagierten, und ihre Reaktionen waren die von Verliebten, das heißt unvernünftig und unnormal.

Von den Personen des Dramas kennen wir bisher nur Lassalle und Sophie von Hatzfeldt. Die anderen müssen wir noch vorstellen:

Helene von Dönniges: 21 Jahre alt, rothaarig, frühreif, leidenschaftlich, sinnlich, leichtsinnig, verwöhnt. Mit zwölf Jahren wurde sie von ihren Eltern einem vierzigjährigen italienischen General angelobt, der gut kochte und der Mutter den Hof machte. Helene verabscheute den «wildbärtigen schwarzen Mann» und sagte die Verlobung auf. Danach «kannte ich kein anderes [Streben] als die wildeste Reiterin, die gesuchteste Tänzerin, die Königin aller Tollheiten zu sein»[196]. In Berlin lernt sie achtzehnjährig den wallachischen Prinzen Ioan Cehan Yanko (= Junker) von Racowitza kennen: «. . . man denke sich Othello als Jüngling. So dunkel der Teint und das lockige Haupthaar, die Augen von jenem schwarzen, sammetweichen Glanz, wie sonst nur die afrikanischen Volksstämme aufweisen . . . der Verstand war nicht überwiegend, sondern das Herz.»[197]

Im Winter 1861/62 lernt sie in einem Berliner Salon Lassalle kennen.

Nach Lassalles Tod heiratet sie Yanko von Racowitza. Sie wird Schauspielerin, heiratet noch zweimal, zuletzt den Lassalle-Verehrer und russischen Sozialisten Sergej J. Schewitsch. Schewitsch stirbt 1911 in München. Wenige Tage danach nimmt sich Helene das Leben. In ihrem 1879 erschienenen Buch «Meine Beziehungen zu Ferdinand Lassalle» schreibt sie: «Das einzige, alles Entsetzen in voller Stärke überlebende Gefühl war . . . der Haß gegen die Eltern . . . und eine ebenso tiefe, dauernde Verachtung gegen mich selbst, gegen meine schmachvolle Willensschwäche. – Dieser auch klage ich mich wieder und wieder an und bekenne mich ihrer unverzeihlich schuldig.»[198] –

Wilhelm von Dönniges: 50 Jahre alt, intelligent, skrupellos, intrigant, jähzornig und arrogant. Wegen seines «Lebenswandels» und wegen «seines unbeherrschten Auftretens, das ihn im ganzen Lande verhaßt machte»[199], 1855 aus seiner Stellung als außenpolitischer Berater König Maximilians II. Joseph von Bayern entfernt und mit verschiedenen diplomatischen Missionen im Ausland betraut. 1860 von König Maximilian geadelt und seit 1861 bayerischer Gesandter in Genf. Auf die Pistolen-Duell-Forderung Lassalles reagierte er mit der Bemerkung, «er selbst sei ein älterer Mann, Familienvater [und] könne sich doch unmöglich duellieren» und fuhr nach Bern. Die Verteidigung der «Ehre der Familie» überließ er dem Verlobten Helenes, Yanko von Racowitza,

Erstürmung der Düppeler Schanzen am 18. April 1864

obwohl dieser «noch nie eine Waffe in der Hand gehabt»[200]. –

Franziska von Dönniges, 41 Jahre alt, Helenes Mutter. Sie war die Tochter eines vermögenden jüdischen Kaufmanns in Berlin-Spandau, extravagant, voll von sozialem und gesellschaftlichem Ehrgeiz. Ihre Tochter Margarete hatte sich, als Helene Lassalle auf dem Rigi traf, gerade mit Graf Eugen Keyserlingk verlobt. –

Yanko von Racowitza, 25 Jahre alt, Sohn eines wallachischen Magnaten, studierte in Berlin, mit Helene abwechselnd verlobt, entlobt und wieder verlobt und ihr willenlos ergeben, heiratete Helene zu Beginn des Jahres 1865 und starb fünf Monate später an Schwindsucht.

Soweit das «Haus Dönniges». Auf der Seite des «Hauses Lassalle» agierten:

Wilhelm Rüstow, 63 Jahre alt, Militärschriftsteller, ehemaliger Stabschef Garibaldis und Lassalle mit einer Art Haßliebe verbunden; in die Gräfin Hatzfeldt verliebt und auf Lassalle eifersüchtig. Er unternahm ernsthafte Versuche, die Gräfin von Lassalle zu trennen und verfaßte eine Schmähschrift mit stark antisemitischen Akzenten: Lassalle und seine Familie werden darin als heimtückische Drachen hingestellt, die mit verteilten Rollen, einmal als Kapitalisten, einmal als Sozialisten, die Gräfin um ihr Vermögen bringen wollen, bis er – Rüstow – als drachentötender Ritter Jörg die Gräfin erlöst. Dennoch sieht Lassalle in Rüstow einen verläßlichen Freund und den geeigneten Mann, ihm gegen die Familie Dönniges beizustehen und Helene aus der Gewalt ihres Vaters zu befreien. «Generalstabsmäßig» und denkbar ungeschickt geht er dabei zuwege und ist Lassalles Sekundant bei dem Duell.

Auf der Seite Lassalles agierte auch, obwohl erst in letzter Stunde, als noch kaum etwas zu retten war, am Schauplatz des Geschehens eintreffend, die neunundfünfzigjährige Gräfin Hatzfeldt.

Der erste Akt des Dramas, die Begegnung der Liebenden und ihr weltvergessenes Schwelgen in phantastischen Zukunftsplänen, dauerte genau zehn Tage, vom 25. Juli bis zum 3. August. Danach gibt es nur noch Tränen, Tränen der Wut, Tränen der Reue, Tränen der Verzweiflung, Tränen der Trauer über einen Toten.

Schon am ersten Abend ihrer Begegnung auf dem Rigi hatte Lassalle Helene gefragt, ob sie seine Frau werden wolle. Sie bat um Bedenkzeit bis zum folgenden Tag und schrieb ihm aus Bern: «Aber diesmal, Freund Satan, wird Ihnen das Kind beweisen, daß es seine teuflische Verwandtschaft fühlt ... daß Ihre dämonische Natur endlich dahin gewirkt hat, daß die Natur aus ihrem Schlaf erwacht ist ... Und nun wissen Sie auch mit Ihrem schönen herrlichen Geist und Ihrer so großartigen, aber mir lieben Eitelkeit, wie mein Entschluß lautet: Ich will und werde Ihr Weib sein!»[201]

Lassalle schrieb am selben Tag an Sophie von Hatzfeldt: ... *So weit hatte ich geschrieben, als ich einen Brief von Helene erhielt, einen höchst ernsthaften Brief. Die Sache wird ernst, sehr ernst ... Indessen – einmal kann ich nicht mehr zurück, und dann wüßte ich auch wahrhaftig nicht, warum ich zurück sollte. Es ist ein schönes Weib, und ihrer Individualität nach, das einzige Weib, das sich für mich paßt und eignet ... bei alledem ist es in dieser ohnehin so komplizierten Lage eine immense Komplikation mehr!*[202]

Eine «immense Komplikation in einer ohnehin so komplizierten Lage» – noch einmal meldet sich die Stimme der Vernunft in Lassalle, aber vergeblich.

Seine plötzlich aufflammende Leidenschaft für diese verführerische, liebeshungrige junge Frau war dem zum erstenmal in seinem Leben mit sich selbst nicht mehr einigen und seine Kräfte schwinden fühlenden Gladiator Balsam und Betäubungsmittel, Trost und Gift zugleich. Im zärtlichen Dialog mit der Frau seiner Wahl versuchte er der rauhen Wirklichkeit zu entfliehen und verlor sich in phantastischen Träumereien: *Was würde mein Goldkind sagen, wenn ich es einmal im Triumph in Berlin einführen würde, von sechs Schimmeln gezogen, die erste Frau Deutschlands hoch erhaben über alle?*[203]

Die «Komplikationen» stellten sich in dem Augenblick ein, in dem die beiden aus ihrem Liebesrausch auf die Erde zurückkehrten und daran gingen, ihre Heiratspläne zu verwirklichen. Die Hindernisse, die

1864

sich vor ihnen auftürmten, erwiesen sich als weit größer als ihre schwärzesten Besorgnisse es sich hatten ausmalen können. Helenes Vater bekam einen Wutanfall, als er vernahm, wen seine Tochter heiraten wollte. Er warf um sich mit Ausdrücken wie «sauberer Geliebter», «Zigeuner» und «jüdischer Lump». Mutter Franziska sprach mit Rücksicht auf ihren eigenen Stammbaum nicht gerade von «jüdischer Lump», war aber sonst ebenso entschieden gegen einen solchen Schwiegersohn. Entsetzt floh Helene aus dem Elternhaus, schrieb Lassalle einen erklärenden Brief, der ihn aber nicht mehr erreichte, bevor Helene selbst in sein Hotelzimmer in Genf stürzte und sich ihm an den Hals warf mit den Worten: «Ich bin das unglücklichste Geschöpf auf der Erde. Hier hast Du Deine Sache, mach mit mir, was Du willst.»[204]

Von jetzt an gab es kaum noch einen Fehler, den Lassalle nicht beging. Mit unheimlicher Präzision arbeitete er auf seinen eigenen Untergang hin. Er begriff nicht, was in Helene vorging und daß dies nicht der Moment für kühle, sachliche Argumente war, wenn er nicht ihre brausende, himmelstürmende Liebesstimmung und hemmungslose Hingabebereitschaft zerstören wollte. Nur ein wenig mehr Frauenkenntnis hätte ihn auch jetzt noch retten können. Statt Helene in die Arme zu nehmen und auf dem schnellsten Wege mit ihr ins Ausland zu fliehen und die Eltern vor vollendete Tatsachen zu stellen, spielte er den Stolzen und Gekränkten: *Nein, jetzt will ich keine Entführung mehr! Wer bin ich denn, daß ich mich abweisen lassen soll, wie ein dummer Junge! Sie sollen mir ihr Kind freiwillig geben! Ich will sie schon dazu zwingen: Nur aus den Händen Deiner Eltern will ich Dich in mein Haus führen!* [205]

Helene sträubte sich vergeblich. Mehr Don Quijote als Romeo, schickte Lassalle die Verzweifelte u n d j e t z t a u c h a n i h m Z w e i f e l n d e in ihr Elternhaus zurück. Dort wurde sie sofort eingesperrt und strengstens bewacht. Lassalles Briefe an sie wurden abgefangen und alle ihre Versuche, wieder mit ihm in Verbindung zu treten, vereitelt.

Jetzt erkannte Lassalle, welch ungeheuren Fehler er begangen hatte:

Ich bin so unglücklich, daß ich weine, seit fünfzehn Jahren zum ersten Mal. Was mich dabei noch zermartert, ist das Verbrechen meiner Dummheit. Wie konnte ich so beschränkt sein, auf Helenes Wunsch nicht einzugehen, sie ihren Eltern zurückliefern und loyal um sie werben! Ich hätte den Besitzstand benützen und sofort mit ihr fliehen sollen! Jetzt ist das Unglück da ... Meine Dummheit richtet mich hin! Der Gewissensbiß frißt mich auf ...

Wenn ich diese Sache nicht durchsetze – und ich zweifle sehr daran, so bin ich für immer gebrochen und fertig mit allem. Noch viel mehr vielleicht, als des Mädchens Verlust, zerbricht mich meine G i m p e l e i. Wenn ich sie nicht durch Sieg ausgleichen kann, verachte ich mich selbst für immer auf das Schnödeste. [206]

In der Hoffnung, den Dienstherrn von Wilhelm von Dönniges, den bayerischen Minister des Äußeren, Freiherr Karl von Schrenck, zu einer Intervention zu überreden, fuhr Lassalle am 13. August nach München. Helene erfuhr, daß er abgereist sei, aber nicht den Grund. Das raubte ihr den letzten Widerstand gegen die Pressionen ihrer Eltern.

Sophie von Hatzfeldt versuchte, auf Bitten Lassalles den Bischof von Ketteler für den Heiratsplan zu gewinnen, und Lassalle versprach, in diesem Fall zum Katholizismus überzutreten, bis sich herausstellte, daß Helene gar nicht, wie Lassalle vorausgesetzt hatte, Katholikin, sondern Protestantin war. Den Kampf um Helene betrieb Lassalle hektisch und kopflos und mit einer Energie, die einer besseren und aussichtsreicheren Sache würdig gewesen wäre.

Dabei hatte er auch jetzt noch Erfolge. Freiherr von Schrenck schickte tatsächlich einen Regierungskommissar, den Advokat Hänle, nach Genf, doch mit keinem anderen Ergebnis, als daß Helene in Gegenwart Hänles und des Obersten Rüstow erklärte, daß sie eine Aussprache mit Lassalle nicht wünsche: «Sie erschien uns vollkommen geistig frei und unbefangen, zeigte eher kalten Hohn und konventionelle Heiterkeit als auch nur die Spur irgend eines bestandenen oder noch fortdauernden Seelenkampfes. Auf nochmalige Fragen habe sie erwidert: ‹Wozu das? Ich weiß, was er will. Ich habe die Sache satt.›»[207]

Tatsächlich hatte sie auch, auf Drängen der Eltern und Geschwister, die Verlobung mit Yanko von Racowitza, die sie nach dem Wiedersehen mit Lassalle auf dem Rigi aufgelöst hatte, wieder aufleben lassen. Sie selbst erklärte später ihr Verhalten damit, daß ihr die Enttäuschung über Lassalles Handlungsweise bei ihrem Wiedersehen im Hotel, seine Abreise aus Genf und die physische und psychische Mißhandlung durch ihren Vater jede Willenskraft geraubt habe.

Das Protokoll der Unterredung Helenes mit Rüstow und Hänle brachte Lassalle zur Raserei. Er schrieb noch am folgenden Tag an Wilhelm von Dönniges einen Brief, der ein Duell unvermeidlich machte: *Nachdem ich durch den Bericht des Oberst Rüstow und des Dr. Hänle vernommen habe, daß Ihre Tochter Helen eine verworfene Dirne ist und es folgeweise nicht länger meine Absicht sein kann, mich durch eine Heirat mit ihr zu entehren, habe ich keinen Grund mehr, die Forderung der Satisfaktion für die verschiedenen mir von Ihnen widerfahrenen Avanien* und Beleidigungen länger zu verschieben und fordere Sie daher auf, mit den beiden Freunden, die Ihnen diese Erklärung überbringen, die erforderlichen Verabredungen zu treffen.*[208]

Die beiden Freunde, Lassalles Sekundanten, waren ein Graf Bethlen und Rüstow. Rüstow versuchte Lassalle zu überreden, auf einem Duell mit dem eigentlichen Beleidiger, Wilhelm von Dönniges, zu bestehen und sich nicht mit dem ihm völlig gleichgültigen Yanko von Racowitza, der nach der eiligen Abreise des «Familienvaters» als Retter der Familienehre in die Bresche gesprungen war, als Ersatzgegner zu begnügen. Aber Lassalle hörte kaum zu: «Ich unterhielt mich noch bis Mitternacht mit Lassalle und machte ihn namentlich darauf aufmerksam ... daß er doch nicht, wie es seine fehlerhafte Gewohnheit war, zu lange zielen möchte, da er nicht allein schieße ... aber meine Worte machten keinen Eindruck.»

Über das Duell selbst, am 28. August im Wäldchen von Carrouge bei Genf, berichtet Rüstow:

«Ich gab das Kommando ‹Eins›. Kaum 5 Sekunden nachher fiel der erste Schuß und zwar von Seiten des Herrn von Racowitza. Unmittelbar nachher, es verging nicht eine Sekunde, antwortete Lassalle.

Er schoß vorbei, er hatte den Tod schon im Leibe. Es war ein Wunder, daß er überhaupt noch hatte schießen können.

Nachdem er gefeuert, trat er unwillkürlich zwei Schritte links. Nun erst hörte ich – denn ich hatte auf die Uhr sehen müssen – wie jemand fragte: ‹Sind Sie verwundet?› – Darauf antwortete Lassalle: ‹Ja.›»[209]

Warum akzeptierte Lassalle den harmlosen Racowitza als Gegner, und warum überließ er ihm den ersten Schuß und verfehlte, als er schließlich schoß, aus fünfzehn Schritt Abstand sein Ziel? Lassalle war ein geübter Pistolenschütze. Die Antwort auf diese Fragen nahm Lassalle mit ins Grab.

---

* Beschimpfungen

Helene von Dönniges

Das Duell im Wäldchen von Carrouge bei Genf

Ioan Cehan Yanko von Racowitza

Ferdinand Lassalle auf dem Totenbett

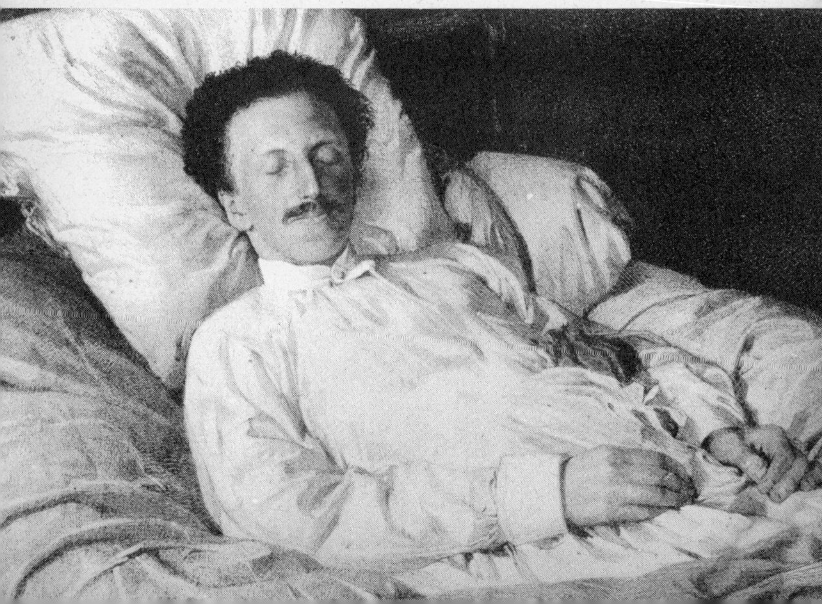

Noch drei Tage lang lag Lassalle unter Morphium in seinem Hotel in Genf, dann – am 31. August 1864 – war er von seinen Schmerzen erlöst. Die Kugel Racowitzas hatte ihn in den Unterleib getroffen. Die Wunde, die sie verursachte, wäre heute, mit Operation und Antibiotika, höchstwahrscheinlich zu heilen gewesen. Nach dem damaligen Stand der Wissenschaft war sie tödlich.

Auf die Todesnachricht hin versammelten sich Republikaner und Sozialisten aus vielen Ländern in Genf. Am 2. September wurde im «Temple unique» eine Trauerfeier abgehalten. 4000 Personen nahmen daran teil. Nur 600 weniger, als der Allgemeine Deutsche Arbeiter-Verein beim Tode Lassalles Mitglieder zählte.

Gräfin Hatzfeldt ließ die Leiche einbalsamieren, um sie, wie einst Marcus Antonius die Leiche Caesars, öffentlich auszustellen und so den Zorn des Volkes gegen die Feinde des Toten zu entfesseln. Die preußische Regierung und die Mutter Lassalles verhinderten dies. Der Leichnam wurde, nach einer von vielen Tausenden von Arbeitern besuchten Trauerkundgebung im Rheinland, von der Polizei beschlagnahmt. So wurde Lassalle selbst nach seinem Tode noch einmal von preußischen Gendarmen verhaftet.

Am 14. September fand er auf dem jüdischen Friedhof in Breslau seine letzte Ruhe. Lassalles Freund August Böckh verfaßte die Grabschrift:

Hier ruhet, was sterblich war von
Ferdinand Lassalle
dem Denker und Kämpfer.

DAS ERBE

So ist der Tod die Wahrheit des Lebens, der Mensch ist nicht ein Sich-als-Mensch, als Individuum-Erhalten, sondern ein sich zum-Menschen-Machen, ein Übergehen in einen neuen Menschen.
1844

Was erreichte Lassalle? Gemessen an seinen himmelstürmenden Zielen verschwindend wenig, gemessen an seiner irdischen Ausgangssituation unglaublich viel. Seine Ausgangssituation war die eines jungen mittellosen Juden aus der Provinz, noch dazu einer Provinz in Preußen. Was hatte er in der Hand, als er die Mächte seiner Zeit, Adel und Geld, Obrigkeit und Gerichtsbarkeit, Bürgertum und Presse zu einem Kampf auf Leben und Tod herausforderte? Nichts als seinen Geist und seinen Willen. Solange sein Geist stärker war als sein Wille gab er dem Willen das Maß, sobald der Wille überhandnahm, zerbrach das Maß und zerbrach auch Lassalles Leben:

«Seine Stärke war der Wille, solange derselbe stets wachsend, die Gelüste, Versuchungen, Triebe und Zerstreuungen zurückdrängte oder überschattete, welche um ihn emporschossen . . . derselbe wurde sein

Unglück, als er, durch Widerstand aufs höchste gereizt, bei seiner letzten Liebesaffäre damit endete, Liebe, Vernunft, Mäßigung, Wirklichkeitssinn, und alle edlen und feinen Gefühle in seinem Gemüt zu ertöten ...

Aber der Wille oder das Selbstgefühl, dessen Übermaß ihn tötete, war zugleich das Prinzip, das ihn sein Leben hindurch aufrecht erhielt. Er steht in der Geschichte als ein Willensdenkmal da.»[210]

Aber Willensdenkmäler sind schlechte Wegweiser, wenn sie dem Willen an sich gesetzt werden, ohne danach zu fragen, ob nicht nur der Wille, sondern auch das Gewollte groß und erhaben war. Wird diese Frage nicht gestellt, wird der Wille selbst zum Ziel und der Willensmensch zum Idol. Aber genauso wie Staaten ohne Recht, nach einem Wort des Kirchenvaters Augustinus, nichts sind als «große Räuberbanden», sind Staatsmänner ohne Recht – so «groß» sie auch sein mögen – nichts als große Räuberhäuptlinge.

Hätte Lassalle nur im großen Stile gewollt, gebührte ihm kein Denkmal. Es gebührt nur denen, die im großen Stil das Rechte gewollt haben. Aber wer soll das entscheiden? Niemand, der sich anmaßt, das Rechte für immer und für alle Zeiten zu besitzen, jeder, der sich bemüht, es täglich von neuem zu entdecken – wie ja auch der Richter das Recht täglich von neuem finden muß!

Wer seine Ziele so hoch steckt wie Lassalle wird zwar stets w i s s e n, was er will, wird stets einen Weg und notfalls auch einen Umweg zu diesem Ziel finden, aber er muß auch den gewaltigen Abstand zwischen dem Erstrebten und dem Erreichten ertragen können. Je höher das Ziel, desto größer auch die zum Ertragen dieses Abstands benötigte Kraft und Geduld.

Andererseits wird wer nach den Sternen greift nie die Leiden derer kennenlernen, die ihre Ziele zu niedrig stecken: Ihre innere Leere, ihre Langeweile, ihren Lebensüberdruß, mit einem Wort: die Banalität des Erfolgs.

Wer seine Ziele zu niedrig steckt, erledigt sich wenn nicht schon zu Lebzeiten, dann spätestens mit seinem Tode.

Lassalle hat sich bis heute nicht erledigt.

Selbst in bezug auf sein unmittelbarstes und greifbarstes Erbe, seinen schriftstellerischen Nachlaß, sind bis heute noch Fragen offen. Erkundigungen im «Deutschen Zentralarchiv» in Potsdam nach dem Verbleib des Hauptnachlasses von Lassalle aus dem Besitz der Gräfin Hatzfeldt ergaben zunächst die Auskunft, dieser Nachlaß «müsse wohl infolge der Kriegseinwirkungen als verloren gelten». Aber wie, wann und wo wurde gerade dieser Nachlaß vernichtet, während die übrigen Bestände des deutschen Reichs- und preußischen Staatsarchivs aus dem bomben-bedrohten Potsdam rechtzeitig nach Merseburg in Sachsen in Sicherheit gebracht wurden?

Ist es also allzu phantasievoll, zu vermuten, daß der Hauptnachlaß Lassalles noch irgendwo in einem der Öffentlichkeit unzugänglichen Archiv seiner Wiederentdeckung harrt? Schon so viele Akten und Briefe aus dem geistigen Erbe Lassalles, wie zum Beispiel seine Briefe an Bismarck und Bismarcks Aktennotizen über die Gespräche mit Lassalle, wurden nach vielen Jahren (1928) überraschend wiederentdeckt.

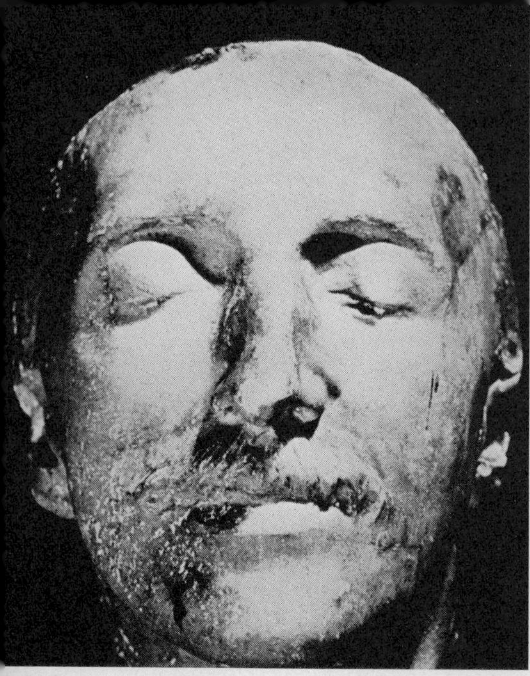

Die Totenmaske

In dem Nachlaß Lassalles befinden sich zahlreiche Briefe an Marx und Engels und auch einige von Marx und Engels an Lassalle. Solche Briefe sind in einem auf der Theorie des Marxismus aufgebauten Staat aber nicht nur Forschungsobjekte, sondern auch Dokumente von höchster politischer Bedeutung. Man kann sich also vorstellen, daß sich ein solcher Staat durch die Erklärung, die Briefe «müßten wohl als verloren gelten», vor der Möglichkeit einer einseitigen Auswertung dieser Dokumente in einem dem Marxismus feindlichen Sinne schützen möchte.[211]

Sehr groß kann diese Möglichkeit oder diese Gefahr allerdings kaum sein, da ein so sachkundiger und gewissenhafter Gelehrter wie Gustav Mayer den Lassalle–Hatzfeld-Nachlaß gleich nach dem Ersten Weltkrieg gründlich durchforscht und alles, was ihm darin wichtig erschien, in sechs Bänden veröffentlicht hat. Was immer auch noch in irgendeinem Geheimarchiv oder in irgendeiner Schublade ruhen mag: an dem Bild Lassalles, wie es heute vor uns steht, wird es wenig ändern.

Und auch an dem, was Lassalle uns vielleicht noch zu sagen hat. Aber damit ist noch nicht gesagt, daß wir das – im goethischen Sinne – von den Vätern Ererbte auch schon erworben haben, um es zu besitzen. Das Wort Lassalles von den *Denkern und Dichtern*, die *wie Kraniche über den Häuptern dieses Bürgertums dahingeflogen sind*, und von den Bürgern, die ihre Werke verbrennen würden, wenn sie sie gelesen hätten, läßt sich auf Lassalle und den Umgang mit seinem Erbe selbst anwenden.

Bürger von Genf!

Republikaner!

In der Blüthe seiner Kraft, inmitten seines grossartigen Wirkens für das Wohl der Menschheit, verstarb heut früh 7 Uhr

Ferdinand LASALLE,

der Stolz Deutschlands, die Hoffnung des Vaterlandes und der deutschen Republikaner, eines unnatürlichen Todes, das Opfer der schmählichsten Intrigue, die jemals von verworfenen Personen mit einem edeln, grossen Mann gespielt wurde.

Bürger von Genf, Republikaner aller Nationen, die Ihr hier eine Freistätte gefunden, vereinigt Euch mit uns an dem Sarge des grössten deutschen Bürgers.

Der Blitz hat jene stolze Eiche gefällt, aber ihre Wurzeln sind nicht erstorben, so lange es Republikaner auf Erden giebt.

Die Leichenfeierlichkeit findet statt: Freitag den 2. September, Nachmittags 1 Uhr, im grossen Saale des TEMPLE UNIQUE.

Genf, den 31. August 1864.

Das Comité der deutschen Republikaner.

Aber warum verbrennen? Vergessen ist viel effektiver. Tucholsky, dessen Bücher im April 1933 verbrannt wurden und der Lassalle mit seinem Gedicht «Sozialdemokratischer Parteitag» ein Denkmal setzen wollte, ist heute weniger vergessen als Lassalle selbst.

Wer Lassalle *liest*, lernt einen anderen Lassalle kennen als den «Reformsozialisten» oder «Revisionisten» bürgerlicher und antibürgerlicher Nachschlagewerke. Dieses Lassalle-Bild ist seinerseits dringend revisionsbedürftig.

Zurückzugehen zu Lassalle heißt vorzudringen zu den reinen Quellen einer Wissenschaft, die zugleich Philosophie ist, einer Solidarität, die zugleich Freiheit ist, einer Revolution, die zugleich Versöhnung ist.

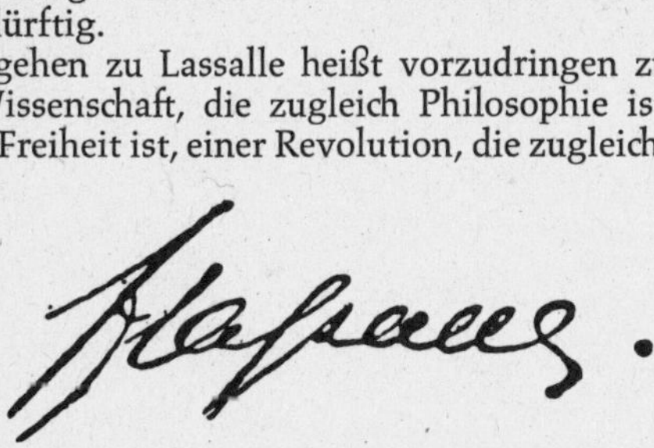

1 S. a. Abbildung S. 9.

2 Wilhelm Raabe in «Der Hungerpastor»: «... ohne sich in dilettantischer Vielleserei zu verlieren, baute er sich ein ziemlich originales System objektiver Logik auf das vollkommenste. Aus der Philosophie Friedrich Wilhelm Hegels konnte er ‹manches gebrauchen› und machte den Freund Hans öfter sehr verwirrt und unbehaglich dadurch, daß er ihn und alles, was er mit sich trug, irgend einer verruchten Kategorie unterordnete. Mit Eifer besuchte er daneben allerlei juristische Kollegien, und vorzüglich eingehend beschäftigte er sich mit dem Staatsrecht: Der Machiavell und der Reineke Fuchs waren in dieser Epoche zwei Bücher, die selten von seinem Arbeitstisch kamen.» Zit. n. Wilhelm Raabe: «Werke in vier Bänden». Freiburg i. B. 1954. Bd. 2, S. 114–115.

3 Friedrich Spielhagen: «In Reih' und Glied». Berlin 1866.

4 George Meredith: «Die tragischen Komödianten». Berlin 1908. S. 7.

5 Vgl. Hermann Oncken: «Lassalle. Eine politische Biographie». Berlin 1920 (Anmerkungen zu S. 464).

6 Stefan Heym: «Lassalle. Ein biographischer Roman». München–Esslingen 1969.

7 «Lassalle mag sonst gewesen sein, persönlich, literarisch, wissenschaftlich, wer er war, aber politisch war er sicher einer der bedeutendsten Kerle in Deutschland. Er war für uns gegenwärtig ein sehr unsicherer Freund, künftig ein ziemlich sicherer Feind, aber einerlei, es trifft einen doch hart.» (Friedrich Engels an Karl Marx am 4. September 1864.)

8 «Ohne Zorn und ohne Vorliebe». Tacitus: «Annalen» I, 1.

9 Werner Blumenberg: «Karl Marx in Selbstzeugnissen und Bilddokumenten». Reinbek 1962 (= rowohlts monographien. 76). S. 7.

10 Karl Marx: «Das Kapital. Kritik der politischen Ökonomie I» (Nachwort zur 2. Aufl.).

11 Karl Marx und Friedrich Engels: «Werke». Berlin 1969. Bd. 19, S. 23.

12 Ähnlich unter «Lassalle» im Bd. 19 MEW S. 636: «‹... bis 1862 in der Praxis spezifisch preußischer Vulgärdemokrat mit stark bonapartistischen Neigungen› (Engels). Lassalle hatte wesentlichen Anteil daran, daß sich die deutschen Arbeiter vom Einfluß der Bourgeoisie lösten und daß der Allgemeine Deutsche Arbeiterverein gegründet wurde (darin bestand sein historisches Verdienst). Er gab jedoch der Arbeiterklasse keine revolutionäre Orientierung und Zielsetzung; er paktierte mit Bismarck und den preußischen Junkern, unterstützte deren Politik der Einigung Deutschlands ‹von oben› und verbreitete die Ideologie des ‹königlich preußischen Regierungssozialismus›, die Illusion vom friedlichen Hineinwachsen in den Sozialismus und legte damit den Grundstein des mit dem Begriff Lassalleanismus verbundenen Opportunismus.»

13 Franz Mehring: «Geschichte der deutschen Sozialdemokratie». Berlin 1960. S. 244. – «Lassalle ist ein Schüler von Marx gewesen und hat sich gern als solcher bekannt; er ist in allen prinzipiellen Fragen der sozialen Revolution vollkommen mit Marx übereingekommen, aber seinen unsterblichen Namen hat er nur dadurch erworben, daß er in einem entscheidenden Augenblicke in bewußt und unausgleichbarem Widerspruch

mit Marx auf seine eigene Verantwortlichkeit vor dem Richterstuhle der Geschichte, eine bahnbrechende historische Tat vollbracht hat.» In: Franz Mehring, «Briefe Ferdinand Lassalles an Karl Marx und Friedrich Engels». Stuttgart 1902 (Vorwort).

14 Shlomo Na'aman: «Lassalle». Hannover 1970.

15 Erwin Kohn: «Lassalle. Der Führer». Leipzig–Wien–Zürich 1926.

16 Gustav Mayer: «Ferdinand Lassalle». Stuttgart–Berlin 1921–1925. Bd. 4, S. 5.

17 Eckard Colberg: «Die Erlösung der Welt durch Ferdinand Lassalle». München 1969.

18 Ebd., S. 16.

19 Ebd., S. 110–111.

20 Ebd., S. 120.

21 Ebd., S. 124.

22 Ebd., S. 127.

23 *Die schwierige Geburt kann vor der Zeit*
Der weise Arzt mit kühnem Schnitt befrein,
Ein Kaiserschnitt – nennt es des Zufalls Spiel.
Doch wenn es neunten Monats Stunde schlägt,
Kann alle Macht in eine Hand geballt
Verschließen nicht den Mutterleib, verhindern
Nicht zu gebären die Gebärende!
Franz von Sickingen II, 6

24 «1863–1963. Hundert Jahre deutsche Sozialdemokratie. Bilder und Dokumente». (Vor Bild Lassalle.)

25 Carlo Schmid: «Kritischer Geist». Hannover 1964. S. 102.

26 Mayer, a. a. O., Bd. 3, S. 60.

27 *Meine Assisenrede.* In: Eduard Bernstein, «Ferdinand Lassalles Reden und Schriften». Berlin 1892–1893. Bd. 1, S. 241.

28 *Die Wissenschaft und die Arbeiter.* In: Friedrich Jenaczek (Hg.), «Ferdinand Lassalle». München 1970 (= dtv dokumente. 676). S. 163.

29 Lassalle an Karl Marx, 6. März 1859.

30 Maximilian Graf von Schwerin-Putzar (1804–72), von 1859 bis 1862 preußischer Innenminister.

31 *Macht und Recht.* In: Jenaczek, a. a. O., S. 118.

32 Lassalle an Hermann Fürst von Hatzfeldt, Sommer 1850 (Familienarchiv von Hatzfeldt-Schönstein).

33 Lassalle an Paul von Hatzfeldt, Ende Mai oder Anfang Juni 1849 (Familienarchiv von Hatzfeldt-Schönstein). – *Nach 1848 trat in den Prozessen der Gräfin eine große Änderung ein. Vor der Revolution, in den Jahren 1846 und 1847, begegneten die Richter diesen Prozessen mit Sympathie, denn zu dieser Zeit hatten unsere Richter noch vielfach liberale Anwandlungen und eine Abneigung gegen den Adel. Aber mit der Revolution und Gegenrevolution von 1848 änderte sich dies alles mit einem Schlage. Der reaktionäre und antirevolutionäre Haß herrschte jetzt in unseren Tribunalen mit blinder Leidenschaftlichkeit. Und da man die Gräfin mit mir identifizierte, und ich der gehaßte Führer der Revolutionspartei in der Provinz war, so war dieser solidarische Haß Grund genug, daß die Gräfin alle ihre Prozesse verlor* (*Die «Seelenbeichte»*). In: Thilo Ramm,

«Ferdinand Lassalle». Stuttgart 1962. S. 269.
34 Jacob Buckhardt (1818–97) über Napoleon III.
35 *Rheinische Rede.* In: Jenaczek, a. a. O., S. 354–355.
36 Ebd., S. 362.
37 *Arbeiterprogramm.* Ebd., S. 164.
38 *Ronsdorfer Rede.* In: Eduard Bernstein, «Ferdinand Lassalle». Berlin 1919–1920. Bd. 4, S. 225–226.
39 Lassalle an Baron Hubert von Stücker, Juli 1845.
40 *Das System der erworbenen Rechte.* In: Ramm, a. a. O., S. 21.
41 Hermann Graf Keyserling: «Das Spektrum Europas». Heidelberg 1928. S. 420: «Wittern Urgermanen in allem Geiste ‹jüdischen› Geist, so haben sie ideell nicht so unrecht: was einmal spezifisch jüdisch war, ist heute universeller Zeitgeist. Ferner konvergiert das Allgemein-Menschliche mit dem spezifisch jüdischen darin, daß der emanzipierte Intellekt dieser Zeit zunächst typischerweise entwurzelt oder wurzellos erscheint, nicht anders wie der auch an sich wurzelechte jüdische, sofern er sich in Zusammenhängen betätigt, zu denen er keine lebendige Beziehung hat. Endlich liegt in unserer Zeit der Nachdruck allgemein auf dem Verstand. Und das war nur bei Juden bisher der Fall. Bei diesen gilt sogar ja seit Jahrtausenden das ungeheuerliche Dogma, daß der Nichtwissende nicht fromm sein könne.»
42 Oncken, a. a. O., S. 14.
43 Heyman Lassal an seinen Sohn Ferdinand Lassalle, Mai 1862.
44 Lassalle an seine Schwester Friederike Lassal, November 1862.
45 *Tagebuch,* 8. März 1840.
46 *Tagebuch,* 13. Juli 1840.
47 *Tagebuch,* 1. Januar 1840.
48 *Tagebuch,* 1. Januar 1840.
49 *Tagebuch,* 2. Februar 1840.
50 *Tagebuch,* 26. August 1840.
51 *Tagebuch,* 24. Februar 1840.
52 *Tagebuch,* 3. August 1840.
53 *Tagebuch,* 3. August 1840.
54 Vgl. S. 14 und Anm. 16.
55 *Tagebuch,* 23. August 1840.
56 Lassalle an seinen Vater Heyman Lassal. In: Mayer, a. a. O., Bd. 1, S. 51.
57 *Tagebuch,* 26. Mai 1840.
58 *Tagebuch,* April oder Mai 1841.
59 Franz Mehring: «Gesammelte Schriften». Berlin 1960. Bd. 1, S. 480.
60 *Tagebuch,* 1. April 1841.
61 Oncken, a. a. O., S. 16.
62 Paul Lindau: «Ferdinand Lassalles Tagebuch». Breslau 1891 (Vorwort).
63 Oncken, a. a. O., S. 31.
64 Berlin, Winter 1844/45. In: Mayer, a. a. O., S. 79.
65 Lassalle an die Freunde A. Mendelssohn, F. Oppenheim und A. Lehfeldt, Mitte September 1845 (*Kriegsmanifest gegen die Welt*).
66 Friedrich Adolf Trendelenburg (1802–72), Professor für klassische und moderne Philosophie.
67 Lassalle an seinen Vater Heyman Lassal, 13. Mai 1844.

68 *Kriegsmanifest* (s. Anm. 65).
69 Arnold Mendelssohn an Sophie von Hatzfeldt aus dem «Klingelpütz»-Gefängnis in Köln am 8. Juli 1847.
70 *Kriegsmanifest* (s. Anm. 65).
71 Wilhelm Wolff (1809–64), Mitunterzeichner des «Kommunistischen Manifests».
72 Lassalle an Karl Marx, Februar 1860.
73 Lassalle an Karl Marx, 21. Mai 1859.
74 Karl Marx an Friedrich Engels, 22. Dezember 1857.
75 *Herr Bastiat-Schulze von Delitzsch.* In: Bernstein, «Ferdinand Lassalles Reden . . .», a. a. O., Bd. 3, S. 161.
76 Karl Marx an Lassalle, 7. November 1862.
77 Zit. n. Oncken, a. a. O., S. 42–43.
78 Zit. n. Oncken, a. a. O., S. 43.
79 Lassalle an Heinrich Heine, Anfang Oktober 1846 (zit. n. Oncken, a. a. O., S. 44).
80 Lassalle an Arnold Mendelssohn, November 1846.
81 Heinrich Heine an seinen Bruder Gustav Heine, 21. Januar 1851.
82 Heinrich Heine an Heyman Lassal, 16. April 1850.
83 Lassalle in einem Brief an Sophie von Hatzfeldt vom 1. März 1858.
84 Lassalle an Karl Marx, 6. März 1859.
85 Lassalle an Lina Duncker, 15. Dezember 1857.
86 Sophie von Hatzfeldt an Lassalle, 14. August 1855.
87 Lassalle an Sophie von Hatzfeldt, 20. Juni 1856.
88 Sophie von Hatzfeldt an Lassalle, 9. August 1855.
89 Sophie von Hatzfeldt an Lassalle im November 1856.
90 Lassalle an Sophie von Hatzfeldt, 1857. In: Mayer, a. a. O., Bd. 4, S. 375.
91 Lassalle an Sophie von Hatzfeldt, Weihnachten 1858.
92 Lassalle an Sophie von Hatzfeldt, 30. Juli 1864.
93 Lassalle an Sophie von Hatzfeldt, Anfang der fünfziger Jahre; sog. «Ehebrief». In: Mayer, a. a. O., S. 12–48.
94 Lassalle an Graf Clemens von Westphalen, 1. Januar 1848.
95 *Kriegsmanifest* (s. Anm. 65).
96 Georg Brandes: «Ferdinand Lassalle. Eine kritische Darstellung seines Lebens und seiner Werke». 4. Aufl. Leipzig–Berlin 1900. S. 88.
97 Oncken, a. a. O., S. 66.
98 Demokraten sind für Wilhelm von Merckel eigentlich keine Menschen. In dem erwähnten Gedicht, «Die fünfte Zunft», heißt es:

Die Natur hielt Niederkunft
Und gebar die fünfte Zunft,
Obwohl sehr mißraten:
Die der Demokraten!

Etwas haben sie an sich
Von jedweder Race:
Menschen sind sie äußerlich
Nach Gesicht und Maße,
Affen je nach Tracht und Bart,
Innerlich ist's Teufelsart . . .

99 Oncken, a. a. O., S. 70.
100 Mayer, a. a. O., Einleitung zu Bd. 2 (S. 4).
101 Lassalle an Karl Marx, 12. Dezember 1851.
102 Helene von Racowitza: «Meine Beziehungen zu Ferdinand Lassalle». 3. Aufl. Breslau 1879. S. 114.
103 *Meine Assisenrede.* In: Bernstein, a. a. O., Bd. 1, S. 321.
104 Peter Gerhard Röser an Karl Marx, 18. Juni 1851.
105 Mayer, a. a. O., Einleitung zu Bd. 2 (S. 7).
106 Lassalle an Karl Marx, 26. Juni 1851.
107 Lassalle an Karl Marx, Februar 1860.
108 Lassalle an seine Mutter Rosalie Lassal aus dem Gefängnis, Januar 1849.
109 «Der Lassallsche Kriminalprozeß. Die mündliche Verhandlung nach dem stenographischen Bericht. Stadtgericht Berlin, 16. Januar 1863».
110 Bernhard Becker: «Geschichte der Arbeiteragitation.» Braunschweig 1874. S. 33.
111 *Die Wissenschaft und die Arbeiter.* In: Ramm, a. a. O., S. 211; Jenaczek, a. a. O., S. 124.
112 Mehring, «Geschichte . . .», a. a. O., Bd. 2, S. 121.
113 *Die «Seelenbeichte».* In: Ramm, a. a. O., S. 259.
114 Familienarchiv von Hatzfeldt-Schönstein.
115 *Die «Seelenbeichte».* In: Ramm, a. a. O., S. 261.
116 Lassalle an Graf Clemens von Westphalen, 1. Januar 1848.
117 *Kassettenrede.* In: Bernstein, a. a. O., Bd. 3, S. 330 f.
118 Scheidungsklage Edmund Graf von Hatzfeldt-Wildenburgs, Mai 1846 (Familienarchiv von Hatzfeldt-Schönstein).
119 Oncken, a. a. O., S. 46.
120 Im Mai 1849 aus dem Gefängnis entlassen unter der Bedingung, Deutschland zu verlassen. Militärarzt im Dienste der ungarischen Revolutionsarmee, folgte den letzten ungarischen Freischärlern in die Türkei und starb in Bajazid an der persischen Grenze an Typhus.
121 *Die «Seelenbeichte».* In: Ramm, a. a. O., S. 26.
122 Brandes, a. a. O., S. 18–19.
123 Die «Illustrierte Sittengeschichte» enthält kaum die Hälfte der 87 engbedruckte Folioseiten umfassenden Anklageschrift.
124 Lassalle an die Eltern Heyman und Rosalie Lassal, 23. August 1854.
125 Mayer, a. a. O., Bd. 4, S. 335.
126 *Es ist hart für einen Mann meines Alters und meiner Lebensgewohnheiten, auf zwölf Monate, ja nur auf zwölf Tage ins Gefängnis zu gehen, und es steht in dieser Hinsicht nicht mehr alles bei mir wie in meiner Jugend, wo ich mit derselben Gleichgültigkeit ins Gefängnis ging, wie ein anderer zum Ball! Aber trotzdem – lieber wollte ich mein Lebtag nicht wieder die Nacht des Kerkers verlassen, als dieses Urteil gefällt zu haben!* («Der Prozeß wider Ferdinand Lassalle vor der korrektionellen Appellkammer zu Düsseldorf am 27. Juni 1864».)
127 *Wie stark aber auch einer sei, einer g e w i s s e n Erbitterung gegenüber ist er verloren! Das kümmert mich wenig! Ich habe wie Ihr denken könnt, dieses Banner nicht ergriffen, ohne ganz genau voraus zu wissen, daß ich dabei persönlich zugrunde gehen kann. Die Gefühle, die mich bei dem Gedanken . . .* (*Die Agitation des Allgemeinen Deutschen Arbeitervereins*

und das Versprechen des Königs von Preußen [*Ronsdorfer Rede*], 22. Mai 1864.)

128 Jenaczek, a. a. O., S. 519. – Lassalle an Sophie von Hatzfeldt am 19. August 1860 aus Aachen: *Dazu die wirksamsten Medizinen! Merkur innerlich und Merkur äußerlich, und Einreibungen und noch Jod-Kali außerdem; und dennoch rückt und rührt sich nichts von meiner Krankheit ... Ich fange an, die Hoffnung aufzugeben, daß mir geholfen wird. – Und was dann? Es wäre zu spitzbübisch, auf diese Weise trocken gelegt zu werden und um seine Aktionskraft zu kommen! ... Ich würde es kaum ertragen, verstümmelt zu bleiben, würde mich nicht darin ergeben können ... Es würde sich also für mich nicht nur um Schmerzen und Krankheit, wie für einen anderen, sondern darum handeln, mein Wesen aufzugeben, jene konzentrierte Einheit meiner Persönlichkeit aufzugeben, ohne die ich nicht bin, was ich bin, und ohne die ich garnicht sein möchte.*

129 Lassalle an Sophie von Hatzfeldt, 12. September 1857.

130 *Die Philosophie Herakleitos des Dunklen von Ephesos. Nach einer neuen Sammlung seiner Bruchstücke und der Zeugnisse der Alten dargestellt von Ferdinand Lassalle.* Berlin, Verlag von Franz Duncker 1858: Titelblatt.

131 Ebd. I, S. 24.

132 Ebd. II, S. 431, 439 f.

133 Alexander von Humboldt an Lassalle, November 1857.

134 August Böckh an Lassalle, 9. November 1857.

135 Karl Marx an Friedrich Engels, 1. Februar 1858.

136 Begleitbrief Lassalles an Franz Duncker zu dem Manuskript *Das System der erworbenen Rechte.*

137 *So paradox diese Behauptung auf den ersten Blick auch scheinen mag, so besteht dennoch im allgemeinen der kulturpolitische Gang aller Rechtsgeschichte eben darin immer mehr die Eigentumssphäre des Privatindividuums zu beschränken, immer mehr Objekte außerhalb des Privateigentums zu setzen ... Die Sklaverei mildert sich zur Leibeigenschaft, das Eigentumsrecht am Leben vermindert sich zu einem Eigentum an seiner lebenslänglichen Arbeitskraft ... Das jus primae noctis ist schon die Aufhebung des beständigen Eigentumsrechts an dem Leib der Sklavin und die Beschränkung desselben auf ihre Jungfernblüte.* (*Das System der erworbenen Rechte* I. In: Ramm, a. a. O., S. 16, 18.)

138 Ebd., S. 166.

139 Es erben sich Gesetz und Rechte
Wie eine ew'ge Krankheit fort.
Sie schleppen von Geschlecht sich zu Geschlechte
Und rücken sacht von Ort zu Ort.
Vernunft wird Unsinn, Wohltat Plage;
Weh dir, daß du ein Enkel bist!
Vom Rechte, das mit dir geboren ist,
Von dem ist leider nie die Frage.
Goethe: «Faust I», Studierzimmer (2)

140 Lassalle an Sophie von Hatzfeldt, Anfang der fünfziger Jahre.

141 Franz Wilhelm Ziegler an Lassalle, 3. März 1861.

142 Johann Karl Rodbertus an Lassalle, 8./9. Februar 1863.
143 Lassalle an Sophie von Hatzfeldt, Frühjahr 1858.
144 Lassalle an Sophie von Hatzfeldt, Januar 1859.
145 «Ein Kritiker hat von Lassalle ganz richtig bemerkt, daß er es bei allem Demagogentum liebte, an seinem Jakobiner-Dolche einen zierlichen Griff zu haben und an seiner phrygischen Mütze schöne Stickereien zu tragen. Wegen dieses Hangs war ihm auch jener vom Geschichtsschreiber Förster geschenkte Stock Robespierres, den er immer bei sich führte, sehr viel wert.» Bernhard Becker: «Enthüllungen über das tragische Lebensende Ferdinand Lassalles auf Grund authentischer Belege». o. O. 1868. S. 16. (Den Stock, mit einer Nachbildung der Bastille in getriebenem Gold als Knopf, hatte Lassalle nach der Schlägerei mit dem Intendanturrat Fabrice im Tiergarten als Zeichen der Anerkennung und Freundschaft als Geschenk erhalten.)
146 *Franz von Sickingen. Eine historische Tragödie.* Leipzig 1859. S. 9.
147 *Die «Seelenbeichte»*. In: Ramm, a. a. O., S. 252.
148 Karl Marx an Lassalle, April 1859.
149 *Franz von Sickingen* V, 11.
150 *Der italienische Krieg* ... In: Bernstein, a. a. O., Bd. 1, S. 357, 360, 364.
151 Otto von Bismarck: «Gedanken und Erinnerungen». Berlin 1951. S. 145.
152 Theodor Heuss in der Einleitung zu Bismarck, «Gedanken und Erinnerungen» (a. a. O., S. 22–23): «Der Name Ferdinand Lassalle fehlt in dem Buch. Vergessen hat er ihn gewiß nicht. Auch mochte ihn die Gegenwart des Mannes, dem er die Vergangenheit diktierte, Lothar Bucher, an den ganzen Erlebnisbereich der 60er Jahre erinnern ... Bismarcks Beziehungen zu Lassalle stehen für den Historiker in dem Zwielicht der interessierten Neugier, durch des Kanzlers spätere Aussage [1878 im Reichstag] der ironischen Koketterie.»
153 Otto von Bismarck am 17. September 1878 im Reichstag. In: «Die politischen Reden des Fürsten Bismarck». Stuttgart 1893. S. 257.
154 Vielzitierter Ausspruch von Bismarcks Nachfolger Graf von Caprivi.
155 *Der italienische Krieg* ... In: Bernstein, a. a. O., S. 355, 305 f.
156 «Documents Diplomatiques Français» (1871–1914), Bd. I, S. 476. Ähnlich Bismarck schon am 14. August 1871: «Es war absurd, Euch Metz weggenommen zu haben, das französisch ist. Ich wollte es nicht für Deutschland behalten. Der Generalstab hat mich gefragt, ob ich verbürgen könne, daß Frankreich keine Revanche suchen werde. Ich habe geantwortet, daß ich davon im Gegenteil fest überzeugt sei ... In dieser Lage, sagte man mir, ist Metz ein Glacis, hinter dem Frankreich hunderttausend Mann aufstellen kann. Wir mußten es behalten. Ich würde dasselbe von Elsaß und Lothringen sagen. Es war ein Fehler, es Euch wegzunehmen, wenn der Friede dauern sollte.» (Ebd., Bd. I, S. 42.) Noch einmal kam Bismarck auf dieses Thema zurück: «Meine ständige Sorge war seit 1871, mich so zu verhalten, daß ich Frankreich dazu bringen könnte, Sedan zu verzeihen, so wie es nach 1815 dahin gelangt ist, Waterloo zu verzeihen.» (Ebd., Bd. V, S. 471.) – (Lassalle hätte dem entgegengehalten: Waterloo war eine Niederlage Napoleons I., Sedan aber wurde, durch die Wegnahme von Elsaß-Lothringen, zu einem Verlust des französischen Volkes!)

157 Lassalle an Karl Marx, Mitte Juni 1859. Marx und Engels waren höchst ungehalten über Lassalles Alleingang in der italienischen Frage. Sie sehen darin einen «Bruch der Parteidisziplin». Engels vertritt in der Schrift «Po und Rhein» die Ansicht, daß der Sturz Napoleons III. das vordringlichste Ziel der europäischen Revolutionäre sein müsse. (Vgl. Jenaczek, a. a. O., S. 466–467.) Marx an Engels am 25. Mai 1859: «Ich vergesse Lassalle diesen Streich nicht.» – Marx an Lassalle am 22. November 1859: «Die Dinge mögen bald wieder zu einer Krise kommen. In diesem Fall muß eins von beiden in unserer Partei gelten: Entweder keiner tritt im Namen der Partei auf, ohne sich konsultiert zu haben mit den anderen, oder jeder hat das Recht, seine eigene Ansicht darzulegen, ohne sich um den anderen zu kümmern. Letzteres wäre nun allerdings nicht empfehlenswert, da öffentliche Polemik einer so wenig zahlreichen Partei ... keineswegs zuträglich.»

158 Lassalle an Karl Marx, 11. November 1860. – Im September des gleichen Jahres hatte Lassalle an Sophie von Hatzfeldt geschrieben: *Das Eigentümliche für Rußland ist, und sein Glück, daß es keine Bourgeoisie hat, keine Mittelklasse. Wer dort einmal aus dem verfaulten Regierungsstand mit seiner Intelligenz heraustritt, muß sich mit dem untersten Volk identifizieren und mit ihm gehen.* – Über den westlichen Bourgeois und den westlichen Begriff der «Freiheit» schrieb wenige Jahre später (1863) Dostojevskij: «Was ist Liberté? Freiheit. Was für eine Freiheit? Die gleiche Freiheit aller, alles zu tun, was man will, innerhalb der Grenzen des Gesetzes ... Gibt die Freiheit jedem eine Million? Nein. Was ist ein Mensch ohne eine Million? Ein Mensch ohne eine Million ist nicht jemand, der alles macht, was er will, sondern jemand, mit dem man macht, was man will.» (In: «Winterliche Aufzeichnungen über sommerliche Eindrücke»; zit. n. F. M. Dostojevskij: «Winterliche Aufzeichnungen über sommerliche Eindrücke – Aufzeichnungen aus dem Kellerloch – Aus dem Tagebuch eines Schriftstellers». Reinbek 1962 [= Rowohlts Klassiker. 111/112]. S. 44.)

159 Zit. n. John C. G. Röhl: «Kriegsgefahr und Gasteiner Konvention. Deutschland in der Weltpolitik des 19. und 20. Jahrhunderts». Hamburg 1973. S. 91.

160 *Über Verfassungswesen.* In: Ramm, a. a. O., S. 63–68.

161 *Was nun?* Ebd., S. 85.

162 *Macht und Recht.* In: Jenaczek, a. a. O., S. 119.

163 *Rheinische Rede.* Ebd., S. 360–361.

164 Zit. n. Oncken, a. a. O., S. 383. *Was Bismarcks eigentliche Absicht ist, ist unschwer zu durchschauen. Im wesentlichen ist sie jedenfalls dieselbe: Er hat, wie ich Ihnen voriges Jahr bereits sagte, von Anfang an den Wunsch gehabt, womöglich das soziale Element der Arbeiterbewegung durchzuführen moins das politische. Da ich nicht bereit war, hierauf einzugehen, versucht er es jetzt mit den Arbeitern direkt ... Aber aus tausend Gründen ist dies schließlich ganz unmöglich. Er ist der Mann nicht, mit dem Teufel Kirschen zu essen.* (Lassalle an Sophie von Hatzfeldt, 11. Mai 1864.)

165 Racowitza, a. a. O., S. 112–113.

166 Lassalle an Otto von Bismarck, 8. Juni 1863.

167 *Fichtes politisches Vermächtnis und die neuste Gegenwart.* In: Bernstein, a. a. O., Bd. 1, S. 379–380.

168 Brandes, a. a. O., S. 119: «Die wahre Eigentümlichkeit der Lassallschen Bewegung besteht in dem Zusammentreffen von zwei Umständen: in ihrer tiefen Wissenschaftlichkeit und ihrer Gemeinfaßlichkeit, in dem Verein der Fähigkeit, kraft ihrer Popularität auf die große Mehrzahl der Nichtgebildeten zu wirken, mit der Fähigkeit, kraft ihrer wissenschaftlichen Tiefe auf die kleine Elite der Höchstentwickelten in dem Kreise der Gebildeten zu wirken ... Von der Natur nicht besonders günstig ausgestattet ... mit Ausnahme eines ganz ungewöhnlichen Gedächtnisses ... seine langen, niemals improvisierten Vorträge hielt er Wort für Wort so, wie er sie niedergeschrieben hatte, ohne irgend ein Konzept vor Augen zu haben. Seine Stimme war in der Alltagsrede hoch und kreischend und er stotterte ein wenig ... sobald er jedoch öffentlich auftrat, verschwanden diese Mängel ... Seine Bilder [waren] nicht Schmuck, sondern verliehen der Sprache Flügel.»

169 Mayer, «Ferdinand Lassalle», a. a. O., Bd. 5, S. 60.

170 *Die Wissenschaft und die Arbeiter.* In: Jenaczek, a. a. O., S. 143–144.

171 *Arbeiterprogramm.* In: Ramm, a. a. O., S. 151.

172 Ebd., S. 151–152.

173 Lassalle an Graf Clemens von Westphalen, 9. Juli 1853.

174 «Itzig hat schon zwei Broschüren wieder über seinen Prozeß veröffentlicht, die er mir glücklicherweise nicht mitgeteilt. Dagegen schickt er mir vorgestern sein offenes Antwortschreiben an das Zentralkomitee für den Leipziger Arbeiter- (lies Knoten) Kongreß.» (Karl Marx an Friedrich Engels, 9. April 1863.) «Der Knote ist zum Selbstbewußtsein gekommen und damit in die kleinbürgerliche Demokratie versetzt. Aber diese Kerls als Repräsentanten des Proletariats ansehen, das blieb Itzig überlassen.» (Engels an Marx, 21. April 1863.) – «Knote, ungebildeter, grober Mensch, Studentenschimpfwort für Handwerksburschen, stammt von ‹Gnote› = Genosse, wie früher Handlungsdiener in Stettin und Königsberg genannt wurden.» («Meyers Konversationslexikon», 5. Aufl. 1897.)

175 Vgl. S. 26 und Anm. 35.

176 *Herr Julian Schmidt.* In: Bernstein, a. a. O., Bd. 3, S. 612–613.

177 *Herr Bastiat-Schulze von Delitzsch.* In: *Arbeiterlesebuch und andere Studientexte.* Reinbek 1972 (= Rowohlts Klassiker. 289). S. 179, 183.

178 *Herr Bastiat-Schulze von Delitzsch.* In: Bernstein, a. a. O., S. 38. – «Die Brüderlichkeit muß eben um jeden Preis hergestellt werden, aber da zeigt es sich, daß die Brüderlichkeit überhaupt nicht hergestellt werden kann, weil sie aus sich selbst entsteht, weil sie gegeben wird, weil sie in der Natur liegen muß ... Weil in der Brüderlichkeit, in der wirklichen Brüderlichkeit nicht die einzelne Person, nicht das Ich um das Recht seiner Gleichwertigkeit und Gleichgewichtigkeit gegenüber allem übrigen auf der Welt bemüht sein soll, sondern dieses übrige eben von selbst zu der ihr Recht fordernden Persönlichkeit, zu diesem einzelnen Ich kommen und es von selbst, ohne dessen Drängen, als gleichwertig und gleichberechtigt anerkennen müßte. Und das ist noch nicht alles, diese selbe rebellierende und fordernde Persönlichkeit müßte als erstes ihr ganzes Ich, ihr ganzes Selbst der Gesamtheit opfern und

nicht nur nichts für sich fordern, sondern im Gegenteil alles der Gesamtheit bedingungslos hingeben. Aber die westeuropäische Persönlichkeit ist mit einem solchen Verfahren nicht vertraut: kämpfend stellt sie ihre Forderungen, sie verlangt das Recht, sie will teilen – und so ist es denn nichts mit der Brüderlichkeit.» (Dostojevskij, a. a. O., S. 44–45 [geschrieben im gleichen Jahr, in dem Lassalle den Allgemeinen Deutschen Arbeiter-Verein gründete].)

179 Mehring, «Schriften», a. a. O., Bd. 2, S. 43.

180 *Offnes Antwortschreiben* ... Zürich 1863. S. 17.

181 *Arbeiterlesebuch.* In: Bernstein, «Ferdinand Lassalle», a. a. O., Bd. 3, S. 228.

182 *Offnes Antwortschreiben* ... In: Ramm, a. a. O., S. 191.

183 Lassalle an Gustav Lewy, 9. März 1863. In: Mayer, a. a. O., S. 109–112.

184 Oncken, a. a. O., S. 348.

185 *Ronsdorfer Rede.* In: Jenaczek, a. a. O., S. 420.

186 Lassalle an Karl Marx, 12. Dezember 1851.

187 Johann Karl Rodbertus an Lassalle, 9. Mai 1863.

188 Lassalle an Johann Karl Rodbertus, 18. Mai 1863.

189 Lassalle an Johann Karl Rodbertus, 17. Februar 1863.

190 Lassalle an Lonni Winter, 1844/45.

191 *Herr Bastiat-Schulze von Delitzsch.* In: Bernstein, «Ferdinand Lassalles Reden ...», a. a. O., Bd. 3, S. 70, 78, 91, 123.

192 Ebd., S. 161.

193 Becker, a. a. O., S. 20.

194 Lassalle an Sophie von Hatzfeldt, 29. Januar 1863.

195 Lassalle an Sophie von Hatzfeldt, 20. Mai 1864.

196 Racowitza, a. a. O., S. 17, 22, 23.

197 Ebd., S. 18.

198 Ebd., S. 186.

199 «Neue Deutsche Biographie». Berlin 1953. Bd. 4 A, S. 28–29.

200 Racowitza, a. a. O., S. 181.

201 Ebd., S. 95.

202 Lassalle an Sophie von Hatzfeldt, 28. Juli 1864.

203 Racowitza, a. a. O., S. 97.

204 Ebd. S. 131 wörtlich: «Lies [den Brief] und dann mach mit mir, was Du willst: ich bin jetzt Dein Weib, Deine Sache!»

205 Ebd., S. 132.

206 Lassalle an Sophie von Hatzfeldt, 4. August 1864.

207 Hänles und Rüstows Protokoll vom 26. August 1864; zit. n. Oncken, a. a. O., S. 470.

208 Lassalle an Wilhelm von Dönniges, 26. August 1864.

209 Becker, a. a. O., S. 115 f.

210 Brandes, a. a. O., S. 233–234.

211 Am 13. August 1973 schrieb der Autor an das Zentralarchiv der DDR in Potsdam: «... Weder bei dem erwähnten Institut [Institut für Sozialgeschichte in Amsterdam] noch bei der Familie von Hatzfeldt konnte ich jedoch in Erfahrung bringen, wo sich der Nachlaß selbst zur Zeit befindet. Für eine Auskunft hierüber, sowie darüber, ob und unter welchen Voraussetzungen ich diesen Nachlaß einsehen könnte, wäre ich Ihnen sehr

dankbar.» – Am 30. August 1973 antwortete das Zentralarchiv: «Zu den in unserem Archiv verwahrten Beständen des Staatlichen Archivfonds der Deutschen Demokratischen Republik gehören auch Nachlässe, die im ehemaligen Reichsarchiv aufbewahrt wurden. Der o. g. Nachlaß ist jedoch nicht in unser Archiv gelangt. Über seinen Verbleib ist uns nichts bekannt.»

ÜBER DEN AUTOR

Gösta v. Uexküll, geb. 1909, studierte Jura und Geschichte in Hamburg und Tübingen. 1933 bestand er in Hamburg das Erste juristische Staatsexamen und wurde 1934 aus politischen Gründen nicht in den diplomatischen Dienst übernommen. Von 1934 bis 1946 Redakteur, Geschäftsführer und Kriegskorrespondent (Finnland) der United Press of America. Seit 1946 für Schweizer, österreichische und deutsche Zeitungen und Zeitschriften sowie für das deutsche Fernsehen («Panorama», «Stern tv») tätig. Beiträge zu den Anthologien «Die Ära Adenauer» («Adenauer siegte bei Stalingrad»), «Versuche über Deutschland» («Wenn die Russen nicht wären . . .»), «Ungeliebte Deutsche» («Ferdinand Lassalle und Gustav Stresemann»).

ZEITTAFEL

1825 13. April: Ferdinand Lassalle als zweites Kind, drei Jahre nach der Geburt seiner Schwester Friederike, als Sohn des Heyman und der Rosalie Lassal zu Breslau geboren.

1839 Besuch des Reformierten Gymnasiums, dann des Magdalenen-Gymnasiums zu Breslau.

1840 Aufnahme in die Öffentliche Handelslehranstalt zu Leipzig.

1843 Reifeprüfung am Matthias-Gymnasium zu Breslau und Immatrikulation an der Breslauer Universität.

1845 Immatrikulation an der Berliner Universität.

1846 Erste Reise nach Paris, Bekanntschaft mit Heinrich Heine. Namensänderung von «Lassal» in «Lassalle». Erstes Zusammentreffen mit Gräfin Sophie von Hatzfeldt und Beginn des «Hatzfeldt-Prozesses». Lassalle Generalbevollmächtigter der Gräfin.

1848 Anklage gegen Lassalle, die Freunde Mendelssohn und Oppenheim zum Diebstahl einer Kassette verleitet zu haben, in der sie Beweise gegen Sophies Prozeß-Gegner, ihren Ehemann, Graf Edmund von Hatzfeldt, vermuteten. Verhaftung und Überführung Lassalles von Potsdam nach Köln. Sechs Monate Untersuchungshaft. Freispruch Lassalles nach einer glänzenden Verteidigungsrede («Kassettenrede»). Bekanntschaft mit Marx und Engels und aktive Teilnahme an der Widerstandsbewegung in der Rheinprovinz. Anklage wegen Hochverrats und Widerstands gegen die Staatsgewalt und erneute Verhaftung.

1849 Von den Geschworenen des Assisengerichts zu Düsseldorf von der Hochverrats-Anklage freigesprochen («Assisenrede»); vom Zuchtpolizeigericht wegen Widerstandes gegen die Staatsgewalt zu sechs Monaten Gefängnis verurteilt. Strafaufschub aus Gesundheitsgründen.

1850 Bis April 1851 Verbüßung der Gefängnisstrafe.

1854 Abschluß des Hatzfeldt-Prozesses durch Vergleich. Lassalle erhält von der Gräfin Hatzfeldt eine Rente von 4000 Talern jährlich.

1856 Reise nach Konstantinopel, Smyrna, Damaskus, Kairo, Theben, Triest

1857 Übersiedlung von Düsseldorf nach Berlin.

1858 Fertigstellung und Veröffentlichung von *Die Philosophie Herakleitos des Dunkelen von Ephesos.* Das zweibändige Werk begründet Lassalles wissenschaftlichen Ruf in Berlin. Lassalles gesellschaftliche Erfolge erwecken den Neid des «Intendanturrats» Fabrice. Fabrice fordert Lassalle vergeblich zum Duell und überfällt ihn dann mit einem Komplicen im Tiergarten. Lassalle wehrt sich mit Erfolg, muß aber Berlin wegen «Erregung öffentlichen Ärgernisses» zeitweilig wieder verlassen.

1859 Endgültige Aufenthaltserlaubnis in Berlin und Umzug in eine Luxuswohnung in der Bellevuestraße 13. Lassalle veröffentlicht das Drama *Franz von Sickingen* und die Streitschrift *Der italienische Krieg und die Aufgabe Preußens.*

1860 Schwere Erkrankung an «Gicht» und monatelange Kur mit Schwefel und Quecksilber-Bädern in Aachen. Bekanntschaft mit der Russin Sophie Sontzeff und Abfassung des als «Seelenbeichte» bekanntgewordenen Bekenntnis- und Werbebriefs. Sophie Sontzeff lehnt die Werbung ab.

1861 Karl Marx elf Tage lang Lassalles Gast in dessen Wohnung in der

Bellevuestraße in Berlin. Scheitern gemeinsamer Zeitungspläne und Ablehnung des Gesuchs von Marx, aus dem Londoner Exil nach Berlin zurückkehren zu dürfen. Lassalle veröffentlicht sein zweites philosophisches Werk: *Das System der erworbenen Rechte.*

1862 Lassalle besucht Marx in London. Er hält anläßlich der Fichte-Feier in der Berliner Philosophischen Gesellschaft den Festvortrag: *Die Philosophie Fichtes und die Bedeutung des deutschen Volksgeistes* und veröffentlicht die satirische, literaturkritische Streitschrift *Herr Julian Schmidt, der Literarhistoriker.* Mit der Aufforderung zum «Parlamentsstreik» und mit zwei Vorträgen, *Über Verfassungswesen* und *Was nun?*, greift Lassalle in den Verfassungstreit zwischen Bismarck und den Liberalen («Fortschrittlern») in der preußischen Abgeordneten-Kammer ein. Die Zurückweisung seiner Vorschläge führt zum endgültigen Bruch zwischen Lassalle und der «Fortschrittspartei». Vor Berliner Handwerkern spricht Lassalle über *den besonderen Zusammenhang der gegenwärtigen Geschichtsperiode mit der Idee des Arbeiterstandes* (*Arbeiterprogramm*). Die Vorstandsmitglieder des Zentral-Komitees zur Einberufung eines allgemeinen deutschen Arbeiterkongresses in Leipzig, Dammer, Fritzsche und Vahlteich, fordern Lassalle auf, die Führung der deutschen Arbeiterbewegung zu übernehmen.

1863 Lassalle muß sich vor dem Berliner Kriminalgericht gegen die Anklage verteidigen, «die besitzlosen Klassen zum Haß und zur Verachtung gegen die Besitzenden öffentlich angereizt zu haben». Er veröffentlicht seine Verteidigung unter dem Titel: *Die Wissenschaft und die Arbeiter.* In einem *Offenen Sendschreiben* (*Macht und Recht*) nimmt er noch einmal grundsätzlich zur Frage des Verfassungswesens Stellung. An das Zentral-Komitee in Leipzig richtet er sein *Offnes Antwortschreiben* (*Arbeitermanifest*), worin er sich grundsätzlich bereit erklärt, die Führung der deutschen Arbeiterbewegung zu übernehmen. Am 12. oder 13. Mai trifft Lassalle zum erstenmal Bismarck; am 23. Mai wird in Leipzig der Allgemeine Deutsche Arbeiter-Verein (ADAV) gegründet und Lassalle auf fünf Jahre zu dessen Präsidenten gewählt. Nach einer Rede in Berlin, bei der ihn die Arbeiter auspfeifen, wird Lassalle verhaftet und nach drei Tagen gegen Kaution freigelassen. Er veröffentlicht drei Gerichtsreden und hält vier Vorträge vor Arbeitern und Handwerkern für den ADAV.

1864 Vierte und fünfte Unterredung mit Bismarck. Veröffentlichung der nationalökonomischen Streit- und Lehrschrift *Herr Bastiat-Schulze von Delitzsch, der ökonomische Julian, oder Capital und Arbeit.* Ein Hochverratsprozeß in Berlin, der mit Freispruch endet, zwei weitere Prozesse in Berlin und in Düsseldorf, in denen Lassalle zu vier bzw. zu sechs Monaten Gefängnis verurteilt wird. Zwei Reden für den ADAV: *Die Agitation des Allgemeinen Deutschen Arbeitervereins und das Versprechen des Königs von Preußen* (gehalten in Ronsdorf im Rheinland, anläßlich des Stiftungsfestes des ADAV) und Lassalles letzte Rede in Frankfurt a. M. am 6. Juli. Abreise zur Kur auf dem Rigi (15. Juli) und Wiedersehen mit Helene von Dönniges (25. Juli). Pistolenduell mit Yanko von Racowitza im Wäldchen von Carrouge bei Genf und Verwundung Lassalles (28. August). Tod Lassalles (31. August).

Sophie von Hatzfeldt

Er war ein ganzer Mann, aus einem Guß und war daher bei allem, worauf sein Wille sich gerichtet, mit seiner ganzen Kraft, mit seinem ganzen Willen und seiner ganzen glühenden Seele, und gerade diese Konzentrationsfähigkeit des ganzen Wesens auf einen Punkt, die ihn so groß in großen Dingen machte und seine wunderbaren Erfolge bedingte, wurde, ich möchte fast sagen, mußte, unter den gegebenen Verhältnissen sein Unglück herbeiführen.

Brief an einen Unbekannten, 1864

Bernhard Becker

Lassalle hatte große Schwächen und tiefgehende Leidenschaften. Seine mädchenhafte Eitelkeit, verknüpft mit dem Umstande, daß er der fadesten Schmeichelei zugänglich war; sein bis zum unbeugsamen Eigensinn gesteigertes herrisches Wesen, welches sich mitunter dem klar vorliegenden Besseren verschloß; seine Genußsucht in Beziehung auf Frauen, die ihn Alles vergessen und ihm seine Jahresrente von 5000 Thalern nicht hinreichend erscheinen ließ; endlich sein Haschen nach der Beistimmung von Autoritäten, welches sich oft vergriff und ihm sogar die Bundesgenossenschaft eines Kreuzzeitungs-Wagner, eines ultramontanen Bischofs Ketteler und eines reaktionären Professors Huber annehmbar machte: – das waren verwundbare Stellen an dem sonst so gut gewappneten Manne, wohl geeignet, die sozial-demokratische Partei einigermaßen zu Vorsicht zu mahnen.

«Enthüllungen über das tragische Lebensende Ferdinand Lassalles». 1868

Meyers Neues Lexikon

Lassalle, Ferdinand, Schriftsteller und kleinbürgerlicher Arbeiteragitator ... L. war Hegelianer; er wurde in Paris mit den Ideen des utopischen Sozialismus bekannt und beteiligte sich 1848 aktiv an den revolutionären Bewegungen im Rheinland. L.s historisches Verdienst war es, daß er durch die Gründung des «Allgemeinen Deutschen Arbeitervereins» (1863) die Arbeiterklasse aus einem Anhängsel der liberalen Bourgeoisie zu einer selbständigen politischen Partei machte. Sein Programm jedoch, der Lassalleanismus, enthielt verhängnisvolle Irrtümer. L. vermittelte der Arbeiterklasse keine revolutionäre Perspektive und gab ihr eine falsche Orientierung in der Zielsetzung und Taktik des proletarischen Klassenkampfes der sechziger Jahre. Er bot unmittelbar nach der Gründung des ADAV Bismarck gegen die Gewährung des allgemeinen Wahlrechts die Unterstützung dieser Organisation bei der Verwirklichung der «Revolution von oben» an. Das war «objektiv ... ein Verrat der ganzen Arbeiterbewegung an die Preußen». (F. Engels)

Leipzig, 1963

Brockhaus Enzyklopädie

Lassalle, Ferdinand ... Gründer der sozialdemokratischen Bewegung in Deutschland ... Der Leipziger Arbeiterkongreß übernahm das Programm L.s in der vorgelegten Form und gründete am 25. 5. 1863 den «Allgemeinen Deutschen Arbeiterverein», die erste Parteibildung der sozialdemokrat. Bewegung in Dtl. L. wurde zum Präsidenten mit diktatorischen Vollmachten gewählt. Marx distanzierte sich von dieser Bewegung ...

Im Gegensatz zu Marx war L. durchaus bereit, sich nicht nur der vorhandenen Möglichkeiten des Staates taktisch zu bedienen, sondern auch noch in Zukunft den Staat als gerechtfertigt anzusehen, freilich als Sozialist im idealistischen Sinn. L. deshalb als einen Anhänger des «Volkskönigtums» zu interpretieren, ist falsch. L. bejahte wohl die nationale Einigungsbewegung auf kleindt. Grundlage und stand dem historischen Materialismus als Erbe Hegels fern. Aber er war von der Notwendigkeit der Befreiung der Menschen aus Klassenbanden überzeugt ...

Wohl haben seine Gedanken noch fortgewirkt, jedoch ging der Arbeiterverein 1875 in der 1869 von Bebel und Liebknecht gegründeten marxistischen Arbeiterpartei auf.

Wiesbaden, 1970

Karl Marx

Das Unglück des L. ist mir dieser Tage verdammt durch den Kopf gegangen. Er war doch noch immer einer von der vieille souche* und der Feind unserer Feinde. Dabei kam die Sache so überraschend, daß es schwierig ist, zu glauben, daß ein so geräuschvoller, stirring pushing Mensch nun mausetot ist und altogether das Maul halten muß. Was seinen Todesvorwand angeht, so hast Du ganz recht. Es ist eine der vielen Taktlosigkeiten, die er in seinem Leben begangen hat. With all that tut's mir leid, daß in den letzten Jahren das Verhältnis getrübt war, allerdings durch seine Schuld.

Brief an Engels, 7. September 1864

Friedrich Engels

Der brave Lassalle entpuppt sich nach und nach doch als ein ganz kommuner Schuft ... Subjektiv mag seine Eitelkeit ihm die Sache plausibel

---

* alter Stamm

vorgestellt haben, objektiv war es eine Schufterei, ein Verrat der ganzen Arbeiterbewegung an die Preußen. Dabei scheint der dumme Geck sich von Bismarck aber auch gar keine Garantien ausbedungen zu haben, sich bloß darauf verlassen zu haben, er müsse den Bismarck bescheißen, gerade wie es ihm nicht fehlen konnte, den Racowitz totzuschießen. Ganz Baron Itzig.

Brief an Marx, 27. Januar 1865

Georg Brandes

Aus Instinkt und kraft seiner Grundprinzipien war Lassalle ein Vergötterer der Intelligenz, der objektiven Vernunft, und daher ein leidenschaftlicher Gegner und Verächter der öffentlichen Meinung und der Zahl. Aus Überzeugung dagegen und kraft seiner politischen und praktischen Prinzipien war Lassalle bekanntlich ausgeprägter Demokrat, konsequenter und siegreicher Verteidiger des allgemeinen Stimmrechts, Vorkämpfer für eine Art von Massenherrschaft, die die Geschichte zuvor nicht gesehen hat. Geistesaristokrat und Sozialdemokrat!, größere Gegensätze als diese kann ein Menschenherz umfassen, aber man hegt sie nicht ungestraft in seinem Gemüte. Was wir hier berühren, ist in der Welt der Prinzipien derselbe Kontrast, der rein äußerlich zutage trat, wenn Lassalle mit seiner ausgesucht eleganten Kleidung, seiner ausgesucht feinen Wäsche und seinen Lackstiefeln in und zu einem Kreise von Fabrikarbeitern mit rußiger Haut und schwieligen Händen sprach.

«Ferdinand Lassalle». Berlin 1888. S. 35

Franz Mehring

Man mag jedoch den bürgerlichen Romanfabrikanten überlassen, sich ihren Lassalle zurechtzukneten, bald als einen frommen Knecht Fridolin, der andächtig am Throne der Hohenzollern kniet, bald als ein wildes Ungeheuer, mit dem man patriotische Kindsköpfe unter die Betten scheucht: der historische Lassalle fordert oft den rauhen Atem der historischen Wahrheit heraus, aber sein ehernes Standbild wird davon nicht umgeweht.

«Geschichte der Deutschen Sozialdemokratie». Berlin 1960. Bd. 2, S. 155

Hermann Oncken

Die Nachwirkungen dieses Lebens setzen, weit entfernt, ihr Ende erreicht zu haben, in immer neuen Wellen ein und werden auch in der gegenwärtigen Stunde, wo wir dem Sisyphus gleich noch einmal den Felsblock aufwärts zu wälzen beginnen, lebendiger werden als jeder beste Maßstab, an dem sich der Wert einer historischen Persönlichkeit abmessen läßt. So wird sie, ungeachtet ihrer problematischen und vergänglichen Bestandteile, auch für den langen Weg, den wir jetzt von neuem zu gehen haben werden, einem jeden, ob er rechts oder links stehe, etwas zu sagen haben: jedem wenigstens, dem es um beides, Nationalstaat und soziale Reform, in der Seele ernst ist.

«Lassalle. Eine politische Biographie». 3. Aufl. Stuttgart–Berlin 1920. S. 4

THILO RAMM

Eine Lassalle-Renaissance im wirklichen Sinne des Wortes, die Besinnung auf das revolutionäre, sozialistische und nationale Anliegen Lassalles, wäre in den zwanziger Jahren möglich gewesen . . . Die deutsche Sozialdemokratie ist indes damals nicht diesen Weg gegangen – statt ihrer stieß Hitlers Nationalsozialistische Deutsche Arbeiterpartei in diese Lücke. Ob nach ihrer Herrschaft, nach dem Verbrauch der nationalistisch-imperialistischen Stoßkraft der Lassalleschen Theorie durch das «Dritte Reich», das sich naturgemäß nicht auf den Juden Lassalle berufen konnte, noch irgend eine Chance eines Wiederauflebens dieser Theorie besteht, erscheint trotz des Verlustes der deutschen Einheit als höchst zweifelhaft.

«Ferdinand Lassalle. Ausgewählte Texte». Stuttgart 1962. S. XII–XIII

SHLOMO NA'AMAN

Das unzeitige Abtreten Lassalles hat die Klärung lebenswichtiger nationaler und organisatorischer Fragen behindert oder zumindest aufgeschoben. Die tragische historische Schere, die in Deutschland seit 1848 zu beobachten ist – zwischen dem Wachsen der Machtfülle des Staates und der Organisation der Gesellschaftskräfte –, wurde durch diese Störung noch weiter geöffnet.

Wer da glaubte, daß eine große demokratische Bewegung dieses Mißverhältnis hätte beseitigen können, hatte keinen Grund, über die Wirren im ADAV zu frohlocken, wie Engels es tat. Die beste Garantie für das Erstehen einer großen demokratischen Volkspartei in der entscheidend wichtigen Zeit vor Sadowa und Sedan war immer noch der Durchbruch der historischen Kräfte im ADAV selbst, und der wurde durch den Tod Lassalles praktisch unmöglich gemacht.

«Lassalle». Hannover 1970. S. 788

BIBLIOGRAPHIE

1. Einzelschriften

Meine Verteidigungsrede wider die Anklage der Verleitung zum Kassettendiebstahl, gehalten am 11. August 1848 vor dem Kgl. Assisenhofe zu Köln und den Geschworenen. Köln 1848 [Kassettenrede]

Meine Assisenrede, gehalten vor den Geschworenen zu Düsseldorf am 3. Mai 1849 gegen die Anklage, die Bürger zur Bewaffnung gegen die Königliche Gewalt aufgereizt zu haben. Düsseldorf 1849

Die Philosophie Herakleitos des Dunklen von Ephesos. Nach einer neuen Sammlung seiner Bruchstücke und der Zeugnisse der Alten dargestellt von Ferdinand Lassalle. Berlin 1858

Franz von Sickingen. Eine historische Tragödie. Berlin 1859

Der italienische Krieg und die Aufgabe Preußens. Berlin 1859

Die «Seelenbeichte». Bekenntnisbrief an Sophie Sontzeff. 1877 in russischer Sprache in St. Petersburg, 1878 im französischen Originaltext in Leipzig, 1963 neu übertragen von Helmut Hirsch in: «Ferdinand Lassalle. Eine Auswahl für unsere Zeit». Hg. und eingeleitet von Helmut Hirsch. Bremen 1963

Fichtes politisches Vermächtnis und die neuste Gegenwart. Hamburg 1860

Die Hegelsche und die Rosenkranzsche Logik und die Grundlage der Hegelschen Geschichtsphilosophie im Hegelschen System. Vortrag, abgedruckt in «Der Gedanke». Berlin 1861

Gotthold Ephraim Lessing. Vortrag, abgedruckt in «Walesrode's demokratische Studien». Hamburg 1861

Das System der erworbenen Rechte. Eine Versöhnung des positiven Rechts und der Rechtsphilosophie. Leipzig 1861

Die Philosophie Fichtes und die Bedeutung des deutschen Volksgeistes. Festrede gehalten bei der am 19. Mai 1862 von der Philosophischen Gesellschaft und dem Wissenschaftlichen Kunstverein veranstalteten Fichte-Feier. Berlin 1862

Herr Julian Schmidt, der Literarhistoriker. Berlin 1862

Über Verfassungswesen. Ein Vortrag gehalten in einem Berliner Bürger-Bezirks-Verein. Berlin 1862

Über den besonderen Zusammenhang der gegenwärtigen Geschichtsperiode mit der Idee des Arbeiterstandes. Berlin 1862 [Arbeiterprogramm]

Aspromonte und die Poesie. Aufsatz über Garibaldis Gefangennahme bei Aspromonte in Süditalien, abgedruckt in «Die Reform». Berlin 1862

Was nun? Vortrag über Verfassungswesen. Zürich 1862

Macht und Recht. Offenes Sendschreiben. Zürich 1862

Die Wissenschaft und die Arbeiter. Eine Verteidigungsrede vor dem Berliner Kriminalgericht gegen die Anklage, die besitzlosen Klassen zum Haß und zur Verachtung gegen die Besitzenden öffentlich angereizt zu haben. Berlin 1863

Der Lassallsche Kriminalprozeß. Die mündliche Verhandlung nach dem stenographischen Bericht. Zürich 1863

Die indirekte Steuer und die Lage der arbeitenden Klassen. Eine Verteidigungsrede vor dem Königlichen Kammergericht zu Berlin gegen die Anklage, die besitzlosen Klassen zum Haß und zur Verachtung gegen die Besitzenden öffentlich angereizt zu haben. Zürich 1863

Offnes Antwortschreiben an das Central-Comité zur Berufung eines Allgemeinen Deutschen Arbeitercongresses zu Leipzig. Zürich 1863 [Arbeitermanifest]
Zur Arbeiterfrage. Rede bei der am 16. April 1863 in Leipzig gehaltenen Arbeiterversammlung. Nebst Briefen der Herren Professoren Wuttke und Dr. Lothar Bucher. Selbstverlag des Autors 1863
Reden Lassalles zu Frankfurt am Main am 17. Mai und am 19. Mai 1863 nach dem stenographischen Bericht. Frankfurt a. M. 1863 [Arbeiterlesebuch]
Die Feste, die Presse und der Frankfurter Abgeordnetentag. Drei Symptome des öffentlichen Geistes. eine Rede gehalten in den Versammlungen des Allgemeinen Deutschen Arbeitervereins zu Barmen, Solingen und Düsseldorf. Düsseldorf 1863 [Rheinische Rede]
An die Arbeiter Berlins. Eine Ansprache im Namen der Arbeiter des Allgemeinen Deutschen Arbeitervereins. Berlin 1863
Herr Bastiat-Schulze von Delitzsch, der ökonomische Julian, oder Capital und Arbeit. Berlin 1864
Der Hochverratsprozeß wider Ferdinand Lassalle vor dem Staatsgerichtshof zu Berlin am 12. März 1864. Nach dem stenographischen Bericht. Berlin 1864
Die Agitation des Allgemeinen Deutschen Arbeitervereins und das Versprechen des Königs von Preußen. Eine Rede gehalten am Stiftungsfeste des Allgemeinen Deutschen Arbeitervereins zu Ronsdorf am 22. Mai 1864. Berlin 1864 [Ronsdorfer Rede]
Der Prozeß wider Ferdinand Lassalle vor der korrektionellen Appellkammer zu Düsseldorf am 27. Juni 1864. Frankfurt a. M. 1866

2. *Sammelausgaben*

Lindau, Paul (Hg.): Ferdinand Lassalles Tagebuch. Breslau 1891
Bernstein, Eduard (Hg.): Ferdinand Lassalles Reden und Schriften. 3 Bde. Berlin 1892–1893
Intime Briefe Ferdinand Lassalles an Eltern und Schwester. Berlin 1905
Ferdinand Lassalle. Gesammelte Reden und Schriften. 12 Bde. Berlin 1919–1920
Mayer, Gustav (Hg.): Ferdinand Lassalle. Nachgelassene Briefe und Schriften. 6 Bde. Stuttgart–Berlin 1921–1925
Bismarck und Lassalle. Ihr Briefwechsel und ihre Gespräche. Berlin 1928
[Dazu s. Grebe, Paul: Lassalle an Bismarck. Ein unbekannter Brief aus dem Nachlaß von Keudell. In: Vierteljahrschrift für Sozial- und Wirtschaftsgeschichte 42 (1955), S. 122–124]
Ramm, Thilo (Hg.): Ferdinand Lassalle. Ausgewählte Texte. Stuttgart 1962
Hirsch, Helmut (Hg.): Ferdinand Lassalle. Eine Auswahl für unsere Zeit. Bremen 1963 (= Sammlung Dieterich. 287)
Winkler, Ernst (Hg.): Ferdinand Lassalle. Aus seinen Reden und Schriften. Wien–Köln–Stuttgart–Zürich 1964
Jenaczek, Friedrich (Hg.): Ferdinand Lassalle. Reden und Schriften aus der Arbeiteragitation 1862–1864. München 1970 (= dtv dokumente. 676)
Schaefer, Wolf (Hg.): Ferdinand Lassalle. Arbeiterlesebuch und andere Studientexte. Reinbek 1972 (= Rowohlts Klassiker. 289)

BECKER, BERNHARD: Enthüllungen über das tragische Lebensende Ferdinand Lassalles auf Grund authentischer Belege. o. O. 1868

BERNSTEIN, EDUARD: Ferdinand Lassalle und seine Bedeutung für die Arbeiterklasse. Berlin 1904

Ferdinand Lassalle. Eine Würdigung des Lehrers und Kämpfers. Berlin 1919

BRANDES, GEORG: Ferdinand Lassalle. Eine kritische Darstellung seines Lebens und seiner Werke. 4. Aufl. Leipzig–Berlin 1900

BRITSCHGI-SCHIMMER, INA (Hg.): Lassalles letzte Tage. Nach den Originalbriefen und Dokumenten des Nachlasses. Berlin 1925

COLBERG, ECKARD: Die Erlösung der Welt durch Ferdinand Lassalle. München 1969

DIACONIDE, ELIAS: Ferdinand Lassalle. Sa vie et son œuvre. In: Revue internationale de Sociologie 46 (1938), S. 227–279

DUNCKER, HERMANN: Die Lassalle-Legende. In: Die Internationale 8 (1925), S. 242–247

EBELING, HANS: Der Kampf der Frankfurter Zeitung gegen Ferdinand Lassalle und die Gründung einer selbständigen Arbeiterpartei. Leipzig 1931 (= Beihefte zum Archiv für die Geschichte des Sozialismus und der Arbeiterbewegung. 4)

FOOTMAN, DAVID JOHN: Ferdinand Lassalle. Romantic revolutionary. New Haven 1947

FRIEDERICI, HANS JÜRGEN: Der Politiker Ferdinand Lassalle. Seine Entwicklung vom revolutionären Demokraten zum kleinbürgerlichen Staatssozialisten. [Diss.] Leipzig 1958

Zur Einschätzung Lassalles und des Lassalleanismus in der bürgerlichen und rechtssozialdemokratischen Geschichtsschreibung. In: Beiträge zur Geschichte der deutschen Arbeiterbewegung 2 (1960), S. 294–313

HAENISCH, KONRAD: Lassalle. Mensch und Politiker. Berlin–Leipzig–Wien–Bern 1923

Ferdinand Lassalle. Der Mensch und Politiker in Selbstzeugnissen. Leipzig 1925

HARMS, BERNHARD: Ferdinand Lassalle und seine Bedeutung für die deutsche Sozialdemokratie. Jena 1909

HILDEBRANDT, ROLF: Ferdinand Lassalle und die Anfänge der modernen Massenpublizistik. [Diss.] Berlin 1951

KAMPFFMEYER, PAUL: Lassalle. Ein Erwecker der Arbeiterkulturbewegung. Berlin 1925

KOHN, ERWIN: Lassalle. Der Führer. Leipzig–Wien–Zürich 1926 (= Imago-Bücher. 9)

LIEBMANN, MARCEL: L'héritage de Lassalle dans le socialisme de l'Allemagne impériale. In: Revue de l'Institute de Sociologie 31 (1958), S. 517–555

LINGNER, KLAUS: Ferdinand Lassalle und die proletarische Revolution. Der unversöhnliche Gegensatz der philosophischen Grundlagen der Marxschen und der Lassalleschen Revolutionsauffassung. [Diss.] Berlin 1964

LUKÁCS, GEORG: Die neue Ausgabe von Lassalles Briefen. In: Archiv für die Geschichte des Sozialismus und der Arbeiterbewegung 11 (1925), S. 401–423

Matull, Wilhelm: Ferdinand Lassalle. Würzburg 1964 (= Der Göttinger Arbeitskreis. 70)

Mayer, Gustav: Die Vorfahren Ferdinand Lassalles. In: Die Gesellschaft 5 (1928), S. 469–472

Zum Verständnis der politischen Aktion Lassalles. In: International Review for Social History 3 (1938), S. 89–106

Mehring, Franz: Briefe Ferdinand Lassalles an Karl Marx und Friedrich Engels. Stuttgart 1902

Miller, Susanne: Das Problem der Freiheit im Sozialismus. Freiheit, Staat und Revolution in der Programmatik von Lassalle bis zum Revisionismusstreit. Frankfurt a. M. 1964

Mommsen, Wilhelm: Bismarck und Lassalle. In: Archiv für Sozialgeschichte 3 (1963), S. 81–86

Na'aman, Shlomo: Lassalle und die Lassalleanische Bewegung 1859–1871. Eine Studie über nichtparlamentarische Demokratie. [Diss.] Jerusalem 1960

Die theoretischen Grundlagen der Aktion Lassalles im Briefwechsel mit Rodbertus. In: International Review of Social History 6 (1961), S. 431–455

Lassalles Beziehungen zu Bismarck – ihr Sinn und Zweck. Zur Beleuchtung von G. Mayers «Bismarck und Lassalle». In: Archiv für Sozialgeschichte 2 (1962), S. 55–85

Lassalle – Demokratie und Sozialdemokratie. In: Archiv für Sozialgeschichte 3 (1963), S. 21–80

Heine und Lassalle. Ihre Beziehungen im Zeichen der Dämonie des Geldes. In: Archiv für Sozialgeschichte 4 (1964), S. 45–86

Ferdinand Lassalle – Deutscher und Jude. Eine sozialgeschichtliche Studie. Hannover 1968

Lassalle. Hannover 1970

Oncken, Hermann: Ferdinand Lassalle. Eine politische Biographie. Stuttgart–Berlin 1920

Racowitza, Helene von: Meine Beziehungen zu Ferdinand Lassalle. 3. Aufl. Breslau 1879

Ramm, Thilo: Ferdinand Lassalle als Rechts- und Sozialphilosoph. Meisenheim–Wien 1953 (= Schriften zur Geschichte und Theorie des Sozialismus. 1)

Lassalle und Marx: In: Marxismus-Studien 3 (1960), S. 185–221

Raumer, Kurt von: Der junge Lassalle. Nach seinen Jugendbriefen, 1840–1848. In: Archiv für Politik und Geschichte 1 (1923), S. 496–521

Renner, Karl: Lassalles geschichtliche Stellung. In: Die Gesellschaft 2 (1925), S. 309–322

Schmid, Carlo: Ferdinand Lassalle und die Politisierung der deutschen Arbeiterbewegung. In: Archiv für Sozialgeschichte 3 (1963), S. 5–20

Kritischer Geist. Ferdinand Lassalle. Hannover 1964

Schulz, F. O. H.: Herkunft und rassische Bestimmung Ferdinand Lassalles. In: Deutschlands Erneuerung 19 (1935), S. 93–99

Speier, Hans: Die Geschichtsphilosophie Lassalles. In: Archiv für Sozialwissenschaft und Sozialpolitik 61 (1929), S. 103–127, 360–388

Steinbüchel, Theodor: Ferdinand Lassalle, der Mensch, der Politiker, der Philosoph. München 1922 – Wiederabdruck in: Steinbüchel, Sozialismus. Gesammelte Aufsätze zur Geistesgeschichte. Tübingen 1950. Bd. 1, S. 124–170

Die Philosophie Ferdinand Lassalles mit besonderer Berücksichtigung ihres Verhältnisses zum deutschen Idealismus. Bonn 1926 – Wiederabdruck in: Steinbüchel, Sozialismus. Gesammelte Aufsätze zur Geistesgeschichte. Tübingen 1950. Bd. 1, S. 171–217

Uexküll, Gösta v.: Ferdinand Lassalle. In: Ungeliebte Deutsche. Hamburg 1971

4. *Zur Geschichte der Arbeiterbewegung unter besonderer Berücksichtigung Ferdinand Lassalles*

Anders, Karl: Die ersten hundert Jahre. Zur Geschichte einer demokratischen Partei. Hannover 1963

Andréas, Bert: Zur Agitation und Propaganda des Allgemeinen Deutschen Arbeitervereins. In: Archiv für Sozialgeschichte 3 (1963), S. 297–423

Becker, Bernhard: Geschichte der Arbeiteragitation. Braunschweig 1874

Eichler, Willi: Hundert Jahre Sozialdemokratie. Bonn 1962

Friederici, Hans Jürgen: Zum 100. Jahrestag der Gründung des Allgemeinen Deutschen Arbeitervereins. In: Beiträge zur Geschichte der deutschen Arbeiterbewegung 5 (1963), S. 437–450

Grebe, Paul: Die Arbeiterfrage bei Lange, Ketteler, Jörg, Schäffle. Aufgezeigt an ihrer Auseinandersetzung mit Lassalle. Berlin 1935 (= Historische Studien. 283)

Grebing, Helga: Geschichte der deutschen Arbeiterbewegung. Ein Überblick. München 1970 (= dtv. 647)

Hümmler, Heinz: Zur Entwicklung einer revolutionären proletarischen Opposition innerhalb des Allgemeinen Deutschen Arbeitervereins in den Jahren 1862/63–1866. [Diss.] Berlin 1961

Opposition gegen Lassalle. Die revolutionäre proletarische Opposition im Allgemeinen Deutschen Arbeiterverein 1862/63–1866. Berlin 1963

Kelsen, Hans: Marx und Lassalle. Wandlungen in der politischen Theorie des Marxismus. In: Archiv für die Geschichte des Sozialismus und der Arbeiterbewegung 11 (1925), S. 261–298

Lademacher, Horst: Zu den Anfängen der deutschen Sozialdemokratie 1863–1878. Probleme ihrer Geschichtsschreibung. In: International Review of Social History 4 (1959), S. 239–260, 367–393

Mehring, Franz: Geschichte der deutschen Sozialdemokratie. 2 Bde. Stuttgart 1897–1898 – Neuausgabe: Berlin 1960 [= Bd. 1 und 2 der «Gesammelten Schriften»]

Morgan, Roger: The German Social Democrats and the First International, 1864–1872. Cambridge 1965

Thier, Erich: Rodbertus, Lassalle, Adolf Wagner. Ein Beitrag zur Theorie und Geschichte des deutschen Staatssozialismus. Jena 1930

Vahlteich, Julius: Ferdinand Lassalle und die Anfänge der deutschen Arbeiterbewegung. München 1903

Wachenheim, Hedwig: Die deutsche Arbeiterbewegung, 1844–1914. Köln–Opladen 1967

BALLIN, OSCAR: Ferdinand Lassalle. Ein Trauerspiel in 5 Akten. Braunschweig 1903 [als Manuskript gedruckt]

GAIGER, J.: Ferdinand Lassalle. Roman. 2 Bde. Wien 1873

HEUBNER, H.: Ferdinand Lassalle. Schauspiel. Leipzig 1905

HEYM, STEFAN: Lassalle. Ein biographischer Roman. München–Esslingen 1969

MEREDITH, GEORGE: The tragic comedians. A study in a well-known story. London 1880 – Dt.: Die tragischen Komödianten. Eine Studie nach einer wohlbekannten Geschichte. Berlin 1908

RAABE, WILHELM: Der Hungerpastor. Berlin 1864

SCHIROKAUER, ALFRED: Lassalle. Ein Leben für Freiheit und Liebe. Geschichtlicher Roman. Berlin 1912

Lassalle. Die Macht der Illusion, die Illusion der Macht. Leipzig 1928

SPIELHAGEN, FRIEDRICH: In Reih' und Glied. Berlin 1866

[Dazu s. FRIEDRICH, CÄCILIA: Die Gestalt Lassalles in Spielhagens Roman «In Reih' und Glied». In: Wissenschaftliche Zeitschrift der Martin-Luter-Universität Halle-Wittenberg. Gesellschafts- und sprachwissenschaftliche Reihe 10 (1961), S. 989–992]

QUELLENNACHWEIS DER ABBILDUNGEN

Dr. Günther Granicky, Wittlaer bei Düsseldorf: 9 / Archiv der Industriegewerkschaft Metall: 11 / J. H. Dachinger, Bonn: 6, 17 oben rechts / Aus Walter Oschilewski, Fünfundsiebzig Jahre Industriegewerkschaft: 24 / Archiv Gerstenberg, Frankfurt/M.: 35, 60, 92 / Landesbildstelle Rheinland, Düsseldorf: 41 / Aus: Erich Böhl, Altberliner Ansichten: 43 / Internationaal Instituut voor Sociale Geschiedenis, Amsterdam: 45, 63 / I. P.: 50 / Stadtgeschichtliches Museum, Düsseldorf: 52 / Giraudon, Paris: 79 / Staatsbibliothek Berlin: 110 / Familienarchiv Hatzfeldt-Schönstein: 129 oben

Alle übrigen Vorlagen stellte uns der Autor zur Verfügung.

NAMENREGISTER

Die kursiv gesetzten Zahlen bezeichnen die Abbildungen
die hochgestellten Sternchen verweisen auf die Fußnoten